A Breve História da Segunda Guerra Mundial

A Ascensão de Adolf Hitler, Alemanha Nazista e
Terceiro Reich, as Forças Aliadas e as Batalhas
de Blitzkriegs a Bombas Atômicas

(1939-1945)

Isenção de responsabilidade

1

Introdução

A Segunda Guerra Mundial foi a escalada da Segunda
Guerra Sino-Japonesa que começou em 1937 e uma
guerra européia começou em 1939 em um conflito militar
combatido de 1941 a 1945 em escala global entre duas
alianças: as potências do Eixo e os Aliados. No Ocidente,
os anos de 1939 e 1945 são geralmente mantidos como o
início e o fim da guerra.

A Primeira Guerra Mundial terminou em 1918 com uma
vitória para as três grandes democracias ocidentais: o
Reino Unido, a Terceira República Francesa e os Estados
Unidos. No entanto, estes não formaram uma aliança
militar formal depois disso. O Reino Unido e os EUA
desmantelaram a maior parte de suas forças armadas. Isto
permitiu o surgimento de regimes autoritários agressivos:
a União Soviética comunista em 1918, a Itália fascista em
1922, uma ditadura militar japonesa após 1926 e a
Alemanha nazista em 1933. Eventualmente, todos os
países se envolveram em uma corrida armamentista
acompanhada de crescentes tensões internacionais.

Em 7 de julho de 1937, o Japão invadiu a China. Depois de conquistar o nordeste daquele país, seguiu-se uma guerra prolongada que ceifou milhões de vidas. No verão de 1939, a União Soviética derrotou o Japão quando este pretendia conquistar a Mongólia. Depois disso, o Japão decidiu concentrar-se na conquista do sudeste asiático. O ditador nacional-socialista alemão Adolf Hitler teve o desmilitarizado Rhineland ocupado em 1936. Em 1938, a Alemanha anexou a Áustria no *Anschluss.* No Tratado de Munique, a Tchecoslováquia teve que ceder a Sudetenland de língua alemã. Quando a Tchecoslováquia foi completamente subjugada em março de 1939, o Reino Unido e a França prometeram ajudar a Polônia no caso de um ataque alemão. Eles esperavam que Hitler agora se abstivesse de invadir porque o exército alemão estava longe de completar sua formação. Em 23 de agosto, no entanto, ele concluiu o Pacto Molotov-Ribbentrop com a União Soviética, o que o levou a acreditar que uma intervenção internacional não se concretizaria novamente.

A Wehrmacht alemã e a SS invadiram a Polônia em 1º de setembro de 1939. O Reino Unido e a França declararam guerra à Alemanha em 3 de setembro de 1939. A Polônia foi conquistada após um mês. A União Soviética ocupou a

3

parte oriental do país. Os britânicos e franceses começaram a reunir um excedente de homens e equipamentos para derrotar a Alemanha em 1941. Em abril de 1940, porém, os alemães capturaram a Dinamarca e a Noruega. Em maio de 1940, os Países Baixos e a França foram derrotados por um avanço surpresa de unidades de tanques através das Ardenas para o Canal da Mancha. Os britânicos conseguiram repelir uma invasão na Batalha da Grã-Bretanha. Os EUA ofereceram posteriormente apoio material ao Reino Unido, inclusive através da Lei de Empréstimos e Leasehold Act. A Alemanha tentou matar o Reino Unido à fome através da guerra submarina e foi ela própria bombardeada com intensidade crescente, tudo sem resultados decisivos. Junho de 1940 A Itália entrou na guerra. Os fracassados ataques italianos ao Egito e à Grécia forçaram a Alemanha a se envolver em uma subjugação de toda a região dos Bálcãs e em uma prolongada Campanha do Norte da África.

Hitler pensou em 1941 que uma Wehrmacht "invencível" poderia alcançar os ideais da ideologia nazista: exterminar os judeus e subjugar os *Untermenschen* eslavos a uma camada superior de colonizadores germânicos. Em 22 de junho de 1941, a Alemanha invadiu a União Soviética. Depois de ganhar grande terreno, esta ofensiva encalhou no outono. Em 7 de dezembro de 1941, os navios de acampamento aéreo do Império Japonês realizaram um ataque surpresa à frota dos Estados Unidos no Pacífico em Pearl Harbor. Hitler declarou guerra aos EUA, a maior economia do mundo, quatro dias depois. Assim, as potências do Eixo se envolveram em um conflito global contra uma coalizão cuja produção militar excedeu muitas vezes a deles já em 1942, de modo que sua derrota foi apenas uma questão de tempo. Naquele ano, eles ainda alcançaram sucessos que, no entanto, terminaram em dolorosos êxtase. O Japão conquistou grandes partes da Ásia, mas sofreu uma derrota decisiva na Batalha de Midway. Exércitos alemães avançaram para o Egito e para os campos petrolíferos do Cáucaso, mas foram destruídos na Segunda Batalha de El Alamein e na Batalha de Stalingrado. Julho de 1943, uma última grande ofensiva alemã na Frente Leste fracassou na Batalha de Kursk. No mesmo mês, os britânicos e americanos desembarcaram na Itália. O ditador italiano Benito Mussolini foi derrubado. Os alemães ocuparam o norte da Itália. Até maio de 1944, o Exército Vermelho conseguiu recapturar a Ucrânia porque Hitler ordenou que uma parte significativa de suas

reservas blindadas fosse implantada na França.
Entretanto, os Aliados Ocidentais conseguiram
desembarcar na Normandia no Dia D, 6 de junho de 1944,
acabando por se desintegrar e destruir grande parte do
exército alemão. Eles libertaram a França e a Bélgica. Ao
mesmo tempo, o Exército Vermelho destruiu o Grupo do
Exército Alemão Middle in Operation Bagration.

A Finlândia, Romênia e Bulgária passaram para o lado
dos Aliados. A Wehrmacht não foi capaz de se recuperar
das perdas sofridas. No entanto, o avanço dos Aliados foi
retardado por problemas de abastecimento, pelo fracasso
da Operação Market Garden e pela ofensiva alemã das
Ardenas. Em janeiro de 1945, a Ofensiva Weichsel-Oder
esmagou as forças alemãs na Polônia.

Os Aliados se mudaram para o oeste através do Reno
para fazer contato no El Talvez em maio com o Exército
Vermelho que havia capturado Berlim. Hitler havia
cometido suicídio. Em 8/9 de maio de 1945, a Alemanha
capitulou.

A cooperação desenvolvida entre a União Soviética, por
um lado, e os britânicos e americanos, por outro,

caracterizada por muita desconfiança e desconfiança mútua, à qual os alemães responderam. Esta cooperação logo se tornaria um novo período de conflito após o final da Segunda Guerra Mundial, conhecido como Guerra Fria. Desenvolvimentos importantes, em parte experimentais, após a guerra foram a criação das Nações Unidas - que substituíram a Liga das Nações que se mostrou impotente - e a elaboração da Declaração Universal dos Direitos Humanos.

Título

Já em 1939, após a declaração de guerra anglo-francesa contra a Alemanha por invasão da Polônia, o termo *Segunda Guerra Mundial* foi usado pelo político conservador britânico Duff Cooper, que seria nomeado Ministro *da* Informação pelo novo primeiro-ministro Winston Churchill em 1940.

Somente após 1945 esta designação se tornaria generalizada, assim como a designação *Primeira Guerra Mundial* para os eventos de 1914-1918, anteriormente referida como *a Grande Guerra*, embora já tivesse sido usada por Charles à Court Repington em 1918.

Bélgica e Países Baixos

A Bélgica e os Países Baixos foram atacados pela Alemanha em 10 de maio de 1940. Em 14 de maio, o exército holandês se rendeu. O acordo de capitulação foi assinado em 15 de maio. A capitulação não se aplicava à província de Zeeland, onde os combates continuaram por vários dias. A Bélgica capitulou após 18 dias de resistência em 28 de maio. A ocupação subsequente durou na Bélgica até 17 de setembro de 1944 e na Holanda, ao norte dos grandes rios, até 6 de maio de 1945. O Japão invadiu as Índias Orientais Holandesas em 10 de janeiro de 1942 e capitulou em 15 de agosto de 1945. A Holanda jamais recuperaria o controle total do reino da ilha, que se tornou independente em 1949.

Tabela de conteúdo

Causas da guerra na Europa

A luta pela hegemonia européia 1866 - 1918

Após o estabelecimento do Império Alemão em 1871, o poder militar e econômico alemão cresceu rapidamente, apoiado por um maior crescimento populacional e desenvolvimento industrial.

Sob a liderança prussiana, a Confederação Alemã e a Confederação do Norte da Alemanha já haviam vencido a Segunda Guerra Alemã-Dinamarquesa (1864) e a Guerra Austro-Prussiana (1866). A rápida derrota da França na Guerra Franco-Alemã em 1870-71, após a qual a Alemanha anexou a maior parte da Alsácia e Lorena, deixou claro que o equilíbrio de poder na Europa havia mudado profundamente desde as Guerras Napoleônicas.

A anexação causou uma grave disputa territorial contínua entre a Alemanha e a França.

Uma política externa desajeitada sob Wilhelm II da Alemanha também criou tensões entre o Império Alemão e tanto o Reino Unido quanto o Império Russo. Para os britânicos, um fator era que a Alemanha estava se tornando cada vez mais um rival marítimo e industrial.

Eles temiam especialmente o dumping de produtos alemães no mercado britânico. Para os russos, o obstáculo foi o apoio alemão à Áustria-Hungria nos Bálcãs, onde a Dupla Monarquia também dominou os povos eslavos. Os britânicos, franceses e russos começaram a formar um bloco antialemão, o Triple

Entente. Este sentimento reforçado de atraso na Alemanha, onde um nacionalismo, militarismo e expansionismo cada vez mais virulento reivindicou para o país uma hegemonia que correspondia à sua posição como a mais forte potência terrestre do mundo.

Quando as tensões crescentes levaram à Primeira Guerra Mundial em 1914, a superioridade militar alemã mostrou-se insuficiente para uma vitória rápida. Um sangrento impasse se seguiu na Frente Ocidental.

Um bloqueio aliado da Alemanha causou grave escassez de matéria-prima para a indústria e fome. Combater uma guerra em duas frentes era um fardo muito grande. Entretanto, os alemães não estavam dispostos a fazer a paz sem ganhos territoriais. O serviço secreto alemão enviou Lênin para a Rússia.

Seu novo regime soviético concluiu a Paz de Brest-Litovsk. Com a Ofensiva da Primavera de 1918, o pessoal geral alemão esperava agora alcançar a vitória no Ocidente antes que os americanos, que tinham vindo em seu auxílio, pudessem construir uma força de combate suprema em 1919. Ao mesmo tempo, eles ocuparam a

13

Ucrânia para melhorar o abastecimento de alimentos. Este esforço extremo só levou a um rápido esgotamento total do exército alemão, seguido pela Revolução de novembro.

Em 11 de novembro de 1918, a Alemanha foi forçada a chamar um armistício. Na época, a linha de frente ainda corria pela Bélgica, o que daria forragem à lenda do punhal que as tropas da frente haviam sido traídas por políticos derrotistas.

O Tratado de Versalhes não criou uma situação estável em 1919. A população alemã se sentiu injustamente tratada devido aos enormes pagamentos de reparações e perdas territoriais. Em parte os territórios de língua alemã caíram para a França (Alsácia e Lorena) ou para a Polônia, que tinha sido independente novamente desde 1793.

A Prússia Oriental ficou isolada do resto da Alemanha pelo corredor de Danzig. Isto levou ao revanchismo e ao irredentismo. Os Aliados não receberam garantias convincentes para evitar um ressurgimento alemão. O exército alemão foi reduzido em tamanho e armamento, mas não foi desmantelado. Somente a Renânia foi ocupada e, contra a vontade da França, não permanentemente, mas apenas por 15 anos. Por isso, o marechal francês Ferdinand Foch descreveu o Tratado de Versalhes como "não uma paz, mas um armistício de 20 anos".

Instabilidade alemã 1918 - 1929

A Alemanha politicamente instável caiu no caos e na pobreza após o armistício. Esquerda e direita lutaram pelo poder. Esta batalha acabaria sendo travada em favor do nacional-socialismo totalitário. A essência deste movimento fascista era que o mais forte tem o direito de dominar o mais fraco. Isto explica tanto o caráter radical nacionalista, anti-semita, militarista, antidemocrático e anticomunista deste movimento quanto a guerra de aniquilação ideologicamente inspirada que se seguiu. No entanto, este processo levou 15 anos.

Os partidos sociais-democratas, liberais e democratas-cristãos intermediários da República de Weimar tentaram estabelecer um Estado de Direito democrático, mas imediatamente enfrentaram revoltas. A Revolução Comunista Russa de outubro de 1917 desencadeou uma onda de revolução em toda a Europa. Na Baviera, os comunistas proclamaram uma república do conselho no início de 1919, e em Berlim houve a revolta de Spartacus. O Primeiro Ministro Friedrich Ebert foi forçado a usar milícias radicais de direita de soldados retornados da linha de frente, o Corpo Livre, para derrubar as revoltas.

A estes grupos nacionalistas faltava qualquer noção de que a Alemanha poderia muito bem ser culpada por toda a sua miséria, seja por não ter travado a batalha com dureza suficiente.

Alegados "traidores" como o ministro das Relações Exteriores Walther Rathenau e o ex-chanceler Matthias Erzberger foram mortos pelo terror da direita. O antigo regime de nobreza, burocracia e exército havia perdido toda a autoridade, como evidenciado pelo Kapp-putsch, uma revolta do Freikorps contra o desmantelamento de suas unidades do exército, que culminou em uma tentativa fracassada de golpe.

Nas eleições gerais de junho de 1920, a extrema esquerda (Unabhängige Sozialdemokratische Partei Deutschlands) e o flanco da extrema direita (alemãesnacionais) venceram às custas do centro. Grupos de direita de conservadores e nacionalistas, no entanto, não quiseram assumir a responsabilidade governamental.

Em 1922, quando a situação na Alemanha começou a se estabilizar um pouco, foi imposto ao país um gigantesco pagamento de reparação de 136 bilhões de marcos, que não tinha como cumprir. Em resposta, a França e a Bélgica, sem o apoio da Grã-Bretanha e da América, ocuparam a região do Ruhr, onde a produção industrial chegou a um impasse.

Combinado com o financiamento monetário, a impressão de dinheiro não garantido, isto levou a uma hiperinflação que tornou a economia da classe média inútil.

O novo diretor do Banco Nacional, Hjalmar Schacht, pôs fim à inflação ao equiparar 20 bilhões de marcos antigos a um novo marco. A nova moeda ganhou valor através de enormes empréstimos concedidos pelos Estados Unidos e bancos holandeses, que emprestaram três bilhões de marcos.

Isto permitiu que a circulação do dinheiro fosse retomada e possibilitou que a Alemanha fizesse reparações. Com
17

isso, a França e o Reino Unido reembolsaram suas dívidas para com os Estados Unidos.

Pouco depois, em 1923, uma tentativa de golpe de direita, o Bierkellerputsch, fracassou na Baviera. Na época, atraiu pouca atenção, mas um dos participantes era Adolf Hitler, do Partido Nacional Socialista dos Trabalhadores Alemães.

Hitler foi condenado a cinco anos de prisão, um ano do qual ele acabou tendo que cumprir. Durante esta detenção, ele ditou *Mein Kampf*, que mais tarde se tornaria central para a propaganda nazista.

Em 1924, amanheceram tempos ligeiramente melhores para a Alemanha. Gustav Stresemann, o ministro alemão das Relações Exteriores durante a presidência de Hindenburg (1925 - 1934), procurou uma aproximação com os países ocidentais. Charles Dawes, como presidente de uma comissão internacional, elaborou o Plano Dawes, um esquema de pagamento para reparações alemãs. Os primeiros-ministros Ramsay MacDonald e Édouard Herriot concordaram com o Plano Dawes, e a Alemanha também concordou. Em 1925, a

Alemanha concluiu o Tratado de Locarno com a França, Grã-Bretanha e vários outros países vizinhos. As tropas do Ruhr foram retiradas e as novas fronteiras ocidentais foram mutuamente garantidas. Também abriu o caminho para a adesão à Liga das Nações, que entraria em vigor em 1926.

Em maio de 1928, o povo alemão optou claramente por uma política de paz, dando aos social-democratas uma vitória eleitoral, enquanto Hitler recebeu apenas 2,5% dos votos. Em 27 de agosto de 1928, o ministro Stresemann assinou o pacto Briand-Kellogg em Paris ao lado de outras principais potências. As disputas internacionais não deveriam ser resolvidas pela guerra, mas por meios pacíficos, como a arbitragem.

Entretanto, a República de Weimar não agiu inteiramente de boa fé neste assunto. A Alemanha foi proibida de possuir tanques, mas foi evitada pelo desenvolvimento de armas secretas na Suécia e na União Soviética.

Na primavera de 1929, o diplomata americano Owen D. Young apresentou o plano Young. Facilitou os pagamentos para 114 bilhões a serem cumpridos em 59 anos, o que equivale a cerca de 3% do PIB. Os alemães esperavam uma redução muito maior.

O Partido Popular Nacional Alemão o apresentou como se o povo alemão ainda fosse insuportavelmente sobrecarregado e crescesse fortemente em popularidade. Um referendo (*Volksentscheid*) rejeitou o plano por uma grande maioria, mas não foi vinculante.

O governo alemão aceitou o plano na Primeira Conferência de Recuperação de Haia e na Segunda Conferência de Recuperação de Haia de 1930, principalmente porque agora tinha o direito de suspender as reparações por dois anos. A perspectiva disto desestabilizou todo o sistema financeiro internacional já no verão de 1929.

Grande Depressão

O colapso da bolsa de valores de 1929 causou o colapso da economia americana. Os bancos americanos exigiram seus empréstimos na Europa. Os governos em todos os lugares voltaram-se para o protecionismo, dificultando as importações, causando o colapso do comércio mundial. A Grande Depressão era um fato. A Alemanha foi duramente atingida. O gabinete de Heinrich Brüning, que tomou posse em março de 1930, respondeu com severa austeridade combinada com planos de rearmamento do General Kurt von Schleicher.

Nas eleições de setembro de 1930, o NSDAP ganhou 18,5% dos votos. Em junho de 1931, Brüning suspendeu as reparações, levando a uma corrida bancária internacional. O desemprego aumentou de dois para seis milhões, 30% da força de trabalho, entre 1929 e 1933.

Em 1932, a Conferência de Lausanne isentou a Alemanha de outras reparações, mas este havia se tornado um ponto sem importância à luz da crise fundamental que enfrentava.

Os comunistas agitavam pela introdução de uma economia planejada para que as fábricas ociosas administradas pelo Estado pudessem voltar ao trabalho. Entretanto, a classe média temia uma tomada de poder tão bolchevique.

Uma alternativa era o NSDAP com sua mistura de socialismo e nacionalismo. O eleitorado do NSDAP cresceu para quase 14 milhões, 39,9% dos votos, nas

21

eleições de julho de 1932. Com a *Sturmabteilung,* ela intimidava os oponentes.

Entretanto, o Presidente Paul von Hindenburg recusou-se a nomear Hitler como Chanceler do Tesouro. Nas eleições de novembro de 1932, os nazistas perderam apoiadores. Até então, porém, o chanceler Franz von Papen já estava começando a administrar um regime muito autoritário.

Em janeiro de 1933, von Papen e Alfred Hugenberg, o líder da DNVP, persuadiram Hindenburg a nomear Hitler como chanceler do Reich em um gabinete no qual eles também serviriam.

Em 27 de fevereiro de 1933, ocorreu o incêndio do Reichstag, que os nazistas aproveitaram para processar os membros dos partidos de esquerda sem julgamento e prendê-los em campos de concentração através de uma portaria de emergência (a Portaria de Incêndio do Reichstag).

Na eleição do Reichstag de 5 de março de 1933, o partido de Hitler recebeu 44% dos votos e o de Hugenberg 8%. Hitler, portanto, não tinha maioria absoluta, mas teve a Lei de Habilitação aprovada através da perseguição da
22

esquerda e da intimidação das partes restantes e foi capaz de assumir o poder sobre isso. Hitler proibiu todos os partidos exceto o próprio NSDAP e não permitiu mais eleições livres, governando efetivamente o país como um ditador.

1933 - 1939

O regime de Hitler foi muito bem sucedido economicamente. Em 1939, o desemprego havia sido praticamente eliminado e o PIB quase dobrou. A infra-estrutura, como a rede rodoviária, foi muito melhorada. Esse aspecto de seu governo recebeu amplo apoio do povo alemão. No entanto, o sucesso foi devido a uma política salarial gerenciada.

Os salários haviam sofrido um colapso em 1932 e não foram autorizados a subir depois disso. As greves foram proibidas. Grande parte do crescimento econômico foi devorada pela indústria de armas.

O regime não poderia estar à altura da pretensão de redistribuir a riqueza e tornar os bens de consumo mais caros disponíveis para a massa da população. Hitler acreditava que um aumento no poder de compra e um
23

crescimento maior dependeria do acesso a matérias-
primas estratégicas e petróleo que a Alemanha tinha uma
falta estrutural.

Em parte devido aos crescentes déficits fiscais, sempre
houve escassez de divisas para comprá-las no mercado
mundial. Desde a hiperinflação, era tabu desvalorizar a
marca para promover as exportações.

Hitler também não queria mais fazer parte do sistema
financeiro e econômico internacional controlado pelos
24

EUA e pelo Reino Unido. A alternativa era garantir o acesso às matérias primas através de guerras de conquista.

Essa opção se adaptava muito melhor à ideologia nazista. Nela, a guerra não era apenas um meio, mas um fim em si mesma. Na eterna batalha entre as raças, foi o destino histórico do superior Aryan *Herrenvolk* alemão a subjugar e dominar o *Untermenschen* eslavo.

Apesar da intensa doutrinação militarista e racista, porém, o povo alemão não entrou de forma alguma em um clima de guerra. Os serviços de segurança relataram que, com os horrores da guerra mundial anterior ainda frescos em suas mentes, o entusiasmo por outro massacre era baixo.

A própria *Wehrmacht* não se considerava pronta para um conflito militar até 1943. Versailles tinha limitado o tamanho do Reichswehr a cem mil homens. Tanques e uma força aérea foram proibidos; a Marinha só tinha permissão para navios mais leves. Em março de 1935, teve início o rearmamento aberto. Apesar dos gastos militares sempre crescentes, que aumentaram para 18%

do PIB em 1938, foi difícil recuperar o atraso. A maior
parte do dinheiro foi para o quartel, treinamento e bunkers.

Não se poderia gastar o suficiente com armas pesadas
caras e de rápido envelhecimento. Em meados de 1939, a
Wehrmacht tinha 9.000 armas, 2.500 tanques, 2.300
aeronaves, 57 submarinos e 45 navios de superfície. Em
todos esses tipos de armas, elas ficaram atrás de inimigos
potenciais. O armamento levou a uma falta de dinheiro
que parecia ser resolúvel apenas através de uma guerra
de agressão, mas ainda não era suficiente para garantir a
vitória puramente sobre a superioridade numérica nela
contida.

Pouco depois da guerra, a teoria era popular de que os
nazistas encontraram uma saída para este problema na
tática inovadora da *blitzkrieg*. Dizia-se até que havia uma
"estratégia blitzkrieg": investindo em tanques e
concentrando-os em um pequeno número de divisões
blindadas de alta qualidade, eles poderiam derrotar o
inimigo de uma forma moderna e rápida e, assim, ganhar
o domínio mundial de uma forma finalmente barata.
Embora tais campanhas tenham sido realmente realizadas

nos primeiros anos da guerra, pesquisas históricas dos anos 50 revelaram que tal estratégia nunca existiu.

Hitler não tinha um plano elaborado para conquistar o mundo e estava apenas vagamente consciente da importância das unidades blindadas.

Mais tarde, também ficou claro que não havia sequer uma doutrina blitzkrieg. O pensamento bastante tradicional e sólido era dominante no exército alemão. Hitler era principalmente um oportunista.

Ao procurar levar as áreas de língua alemã *Heim ins Reich*, ele tentou aquecer o povo alemão a pelo menos um conflito limitado. Tal apelo ao direito de

27

autodeterminação dos povos também poderia forçar concessões por parte dos britânicos e franceses. Estes foram sensíveis a isto porque se sentiram ameaçados por um adversário muito mais perigoso do que a Alemanha.

Em 1928, Joseph Stalin havia tomado todo o poder na União Soviética. O país começou uma transformação em uma superpotência. O Exército Vermelho cresceu e se tornou a maior força de combate do mundo. O Reino Unido e a França temiam que Stalin pretendesse desencadear uma revolução mundial.

Eles reforçaram o *cordon sanitaire*, uma cadeia de estados anticomunistas. Já no início da década de 1930, eles começaram a desenvolver armas modernas de forma mais intensa. No entanto, em resposta à Grande Depressão, eles estavam diminuindo. Eles não estavam dispostos a aumentar seus orçamentos de defesa muito rapidamente. Eles esperavam que um Estado alemão conservador e militarmente forte pudesse manter a União Soviética sob controle.

É por isso que eles não intervieram quando a Alemanha anunciou um rearmamento. Janeiro de 1935, a França terminou seu mandato governando o Saarland. Não interveio em março de 1936 quando a Renânia, desocupada pelas tropas francesas em 1930 sob condição de desmilitarização permanente, foi reocupada pelas tropas alemãs.

Assim, o antigo Entente não mais manteve a ordem jurídica internacional. Mesmo os Estados Unidos, com apenas forças terrestres mínimas e uma população fortemente a favor do isolacionismo, mantiveram sua distância. Os países agressivos agora viram sua oportunidade. A Alemanha deixou a Liga das Nações em 1933. Em outubro de 1935, a Itália invadiu a Abissínia.

Julho de 1937, o Japão invadiu a China. A Alemanha aliada ao Japão no Pacto Anti-Komintern em 1936 e com a Itália no eixo Roma-Berlim. Estas potências de eixo ganharam uma ligação ainda mais estreita no Pacto do Aço em maio de 1939. Em março de 1938, a Alemanha forçou a Áustria a anexar no *Anschluss*.

A Alemanha cada vez mais poderosa e radical estava agora começando a inspirar mais medo no Reino Unido e na França do que na União Soviética, apesar de sua *guerra por procuração* com o Eixo na Guerra Civil Espanhola. Stalin se concentrou em seus problemas internos e temendo suas próprias forças armadas, ele exterminou em grande parte seu corpo de oficiais. Os

30

britânicos e franceses começaram a se armar
vigorosamente.

Como eles já tinham uma grande infra-estrutura militar,
muita artilharia ainda utilizável da guerra anterior e o
moderno cinturão de fortaleza da Linha Maginot, eles
sabiam que poderiam enfrentar a Alemanha a curto prazo.

Quando Hitler reivindicou a Sudetenland de língua alemã
da Tchecoslováquia, no outono de 1938, eles
consideraram ir para a batalha.

31

A Tchecoslováquia estava bem armada e tinha um forte cinturão de fortaleza; a França podia invadir a Renânia enquanto o *Westwall* ainda estava inacabado. Entretanto, o primeiro-ministro britânico Neville Chamberlain quis dar outra oportunidade à *paz em nosso tempo* e permitiu que o Tratado de Munique se juntasse aos Sudetas para a Alemanha.

Esta política de apaziguamento fracassaria. Só ensinou a Hitler que ele seria recompensado se ele quebrasse suas promessas. Em março de 1939, Hitler forçou o estado da Tchecoslováquia a dividir-se no Protetorado Alemão da Boêmia e Morávia e na Primeira República Eslovaca, um estado vassalo.

A vasta indústria tcheca de equipamentos e armas caiu em suas mãos. Para o Reino Unido e a França, já era o suficiente e eles deram garantias militares à Polônia. Em resposta, os poloneses rejeitaram a exigência de Hitler de abrir mão de seus territórios de língua alemã e tornar-se também um estado vassalo. A liderança militar alemã e também muitos líderes nazistas temiam a guerra porque a Alemanha estava longe de estar pronta para ela. Em 24 de agosto, no entanto, Hitler conseguiu conquistar uma enorme vitória diplomática.

O Entente havia assumido que a União Soviética se voltaria contra seu inimigo ideológico, a Alemanha nazista de qualquer forma. Entretanto, Hitler ofereceu Stalin para dividir a Europa Oriental entre si em troca de neutralidade e fornecimento de matéria-prima. Eles concluíram o Pacto Molotov-Ribbentrop. Hitler assumiu agora que os britânicos e franceses se absterão novamente de uma resposta militar. Às 05h00 do dia 1º de setembro, a Alemanha invadiu a Polônia. O Reino Unido e a França anunciaram que honrariam suas obrigações de tratado com a Polônia.

Em 2 de setembro, o ministro italiano das Relações Exteriores Galeazzo Ciano propôs uma conferência de cinco estados em San Remo, após um armistício. O Reino Unido fez uma condição para que a Alemanha retirasse suas tropas da Polônia pela primeira vez; quando isso não se concretizou, o Reino Unido se voltou para a Alemanha com uma declaração formal de guerra já na noite de 3 de setembro e para a França na noite de 3 de setembro, tornando a Segunda Guerra Mundial um fato irrevogável.

A guerra na Europa

A invasão da Polônia

Após o plano Fall Weiss, a Alemanha invadiu a Polônia em 1 de setembro de 1939. Como uma guerra de agressão, esta invasão contrariou o pacto Briand-Kellogg também assinado pela Alemanha em 1928. A justificação aparente serviu como o incidente de Gleiwitz. Os franceses haviam prometido à Polônia abrir uma frente ocidental na Alemanha com 60 divisões, mas na verdade se limitaram à fraca ofensiva do Saar com nove divisões. Isso permitiu que os alemães lançassem um forte ataque principal da Silésia em direção a Varsóvia.

Os poloneses estavam enfraquecidos ali porque ainda não haviam mobilizado totalmente seu exército para não provocar Hitler e haviam concentrado forças importantes em torno de Poznań para um ataque surpresa em direção a Berlim. Após vários dias de luta intensa, a frente polonesa em frente à Silésia quebrou. Entretanto, a força principal alemã em avanço foi então emboscada no flanco esquerdo pelo exército polonês em Posen. Eles conseguiram livrar-se disso e destruí-lo, após o que cercaram Varsóvia. Enquanto isso, forças blindadas alemãs cortaram o corredor de Danzig para atacar Varsóvia do leste através da Prússia Oriental. As tentativas de tomar a cidade por tempestade falharam, mas após um bombardeio, a capital capitulou em 28 de setembro. Os alemães começaram imediatamente a assassinar sistematicamente todos os intelectuais poloneses.

A União Soviética invadiu a Polônia oriental em 17 de setembro de 1939, sob o pretexto de proteger as minorias bielorrussas e ucranianas. Oficialmente, o país permaneceu neutro. Os combates na Polônia terminaram em 6 de outubro de 1939, mas o exército e o governo dos Cárpatos poloneses desviaram para a França via Romênia, onde restabeleceram unidades de combate que tiveram que fugir novamente em 1940, para a Inglaterra.

Guerra Crepúscula

Depois de outubro, os franceses terminaram sua ofensiva. Depois disso, quase não houve contatos de combate na fronteira franco-alemã. Ambos os lados se abstiveram de bombardeios estratégicos. Esta guerra crepuscular, que continuaria até abril de 1940, foi chamada de *phoney war* em inglês e *drôle de guerre* em francês; o *Sitzkrieg* em alemão.

No entanto, a calma nas frentes mascarou a atividade febril na preparação de futuras campanhas. A Alemanha ofereceu a paz, mas os Aliados se recusaram a aceitar a ocupação da Polônia. Eles esperavam esgotar seu inimigo através de um bloqueio econômico, como na Primeira Guerra Mundial. Entretanto, os suprimentos soviéticos tornariam isso difícil. Portanto, eles se voltaram para uma verdadeira economia de guerra para construir um excesso de homens e material para derrotar a Alemanha. O Reino Unido já havia introduzido o recrutamento em abril de 1939, e a França, que tinha poucos recrutas devido às baixas taxas de natalidade, os importou *em massa* do norte da África. Para as dezenas de milhares de tanques e aeronaves de que precisava, queria alistar o maior país industrial do mundo, os Estados Unidos da América. As leis de neutralidade dos EUA proibiam o fornecimento de material de guerra a um beligerante, mas, em 5 de novembro de 1939, o Presidente Franklin Delano Roosevelt introduziu o sistema *de dinheiro e transporte*: os beligerantes podiam comprar armas se pudessem pagar por elas imediatamente e transportá-las eles mesmos. Isto favoreceu muito o Entente porque a Alemanha não poderia fazer nada disso. A propósito, não houve pressa. Eles esperavam estar prontos para um ataque à Alemanha no verão de 1941, no mínimo, e provavelmente não até 1942, quando o Reino Unido esperava colocar em campo cinqüenta e cinco divisões, todas motorizadas, a força de combate mais moderna do mundo.

Para o alto escalão militar alemão, era uma perspectiva sombria. Eles previam que a Alemanha não seria capaz de acompanhar o ritmo do armamento. O dinheiro e as matérias primas estratégicas estariam em péssimo estado de falta. Em março de 1940, as importações alemãs haviam diminuído em 80%. O melhor que se podia esperar era outro impasse, mas uma guerra tão prolongada iria empobrecer ainda mais o país. Portanto, quando Hitler ordenou um ataque ao Ocidente mesmo antes de outubro, ele foi lembrado de que as munições haviam se esgotado por enquanto. Ainda assim, a curto prazo, o equilíbrio de poder mudaria ligeiramente a favor da Alemanha. O ataque à Polônia havia sido possibilitado por cerca de trinta divisões altamente profissionais do exército permanente, cerca de seiscentos mil homens. Apressadamente, eles tinham então começado a treinar 1,1 milhões de recrutas e 1,7 milhões de veteranos da Primeira Guerra Mundial. Quando isso foi completado na primavera de 1940, a Alemanha havia adquirido uma grande força de combate com a qual talvez por meio de manobras antes que a acumulação Aliada tivesse tornado sua frente intocável. O melhor estrategista alemão, Heinz Guderian, e o estrategista Erich von Manstein, elaboraram em conjunto um plano ousado para este fim, no outono de 1939. O exército deveria avançar através das Ardenas, atravessar o Mosa e depois fazer uma penetração estratégica profunda no Canal com tanques. Este tipo de ataque, ao qual o nome *Blitzkrieg seria* anexado mais tarde, havia sido muito discutido em livros antes da guerra, mas não havia sido aceito como um método por nenhum exército em 1939. O plano foi levado à atenção de Hitler, o que obrigou o Chefe de Gabinete Franz Halder a pelo menos adotar o elemento Ardennes, embora a má rede viária tornasse tal avanço muito arriscado. No entanto, não havia alternativa, segundo ele: sem essa aposta, eles perderiam de qualquer forma.

A expansão soviética

Em 1939, a União Soviética havia substituído Maksim Litvinov como ministro das Relações Exteriores por Vyacheslav Molotov, após o que o país parecia estar em um curso anti-Ocidental. A União Soviética forçou a Estônia, Letônia e Lituânia a aceitar guarnições do Exército Vermelho em 1939.

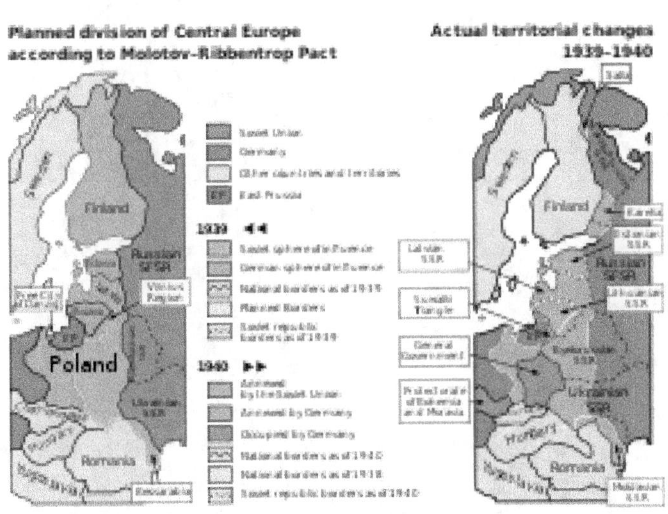

Tinha sido acordado em agosto de 1939 que a Lituânia cairia na esfera de influência alemã - eles já tinham que ceder Memelland em março de 1939 - mas a terra foi trocada por uma faixa de território polonês acrescentada ao Governo Geral, o coração polonês não anexado pela Grande Alemanha. A Lituânia também recebeu uma faixa de território polonês, com a cidade de Vilnius.

Stalin queria que a Finlândia anexasse o istmo de Karelian, próximo a Leningrado, a segunda cidade da URSS, em troca de uma faixa de território finlandês na Carélia oriental. O governo finlandês recusou porque no istmo estava a Linha Mannerheim, que era essencial para a defesa finlandesa.

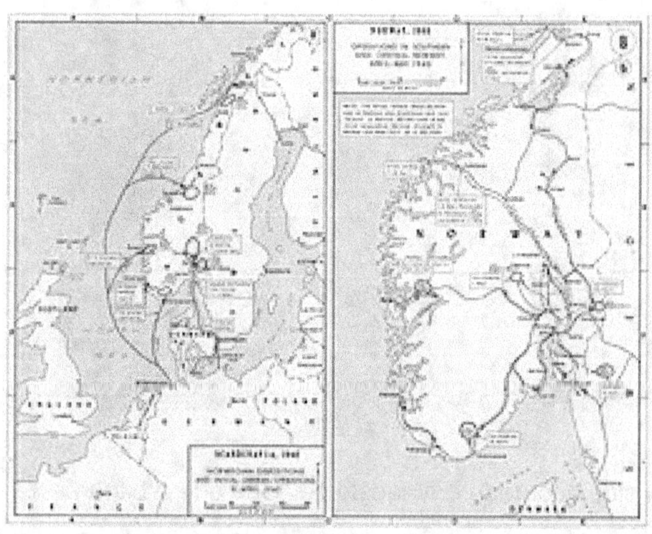

Em 30 de novembro de 1939, o Exército Vermelho lançou uma ofensiva para capturar a Finlândia. Nesta Guerra de

41

Inverno, no entanto, eles se atolaram na linha de Mannerheim enquanto divisões blindadas avançando para o norte através de caminhos de florestas geladas foram acometidas pelos finlandeses.

Um perdeu dois mil tanques e duzentos mil homens contra os finlandeses vinte e cinco mil. O gabinete francês agora também estava considerando declarar guerra à União Soviética e vir em auxílio do pequeno e corajoso país. Ao mesmo tempo, os velhos sentimentos pró-Finlandeses reavivaram na Alemanha.

Stalin teve posteriormente uma grande força de tropas que forçou a Linha Mannerheim ainda e se estabeleceu para o istmo e a Carélia Oriental no armistício de 13 de março de 1940. O evento manchou seriamente o prestígio do Exército Vermelho e contribuiu muito para a subestimação alemã de sua força militar.

A União Soviética anexou os Estados Bálticos e a Romênia à Bessarábia e Bukovina do Norte em 1940, após a queda da França. Centenas de milhares de residentes dessas áreas foram deportados para o leste.

Dinamarca e Noruega

A Noruega foi importante para a guerra alemã como rota de abastecimento de minério de ferro sueco, sendo responsável por metade da produção de aço alemã, e potencial base de frota para a *Kriegsmarine*. Os alemães, portanto, fizeram planos para uma invasão no final de 1939, mas os britânicos também, em parte no contexto de uma possível ajuda à Finlândia.

Por iniciativa da Hitler, foi preparada a Operação Weserübung, a ocupação da Noruega. Uma invasão da Dinamarca foi acrescentada no final de fevereiro. Em 3 de abril de 1940, partiram os primeiros navios de abastecimento, e em 6 de abril, a frota de guerra alemã partiu para a Noruega. Ao mesmo tempo que a invasão alemã, os Aliados haviam planejado uma operação de colocação de minas em águas norueguesas para bloquear a rota alemã de abastecimento de minério do ferro. Em 8 de abril, os britânicos colocaram minas marítimas no Vestfjord, ao largo de Narvik. Os Aliados também quiseram realizar desembarques limitados na Noruega para proteger esses campos minados. Entretanto, a invasão alemã frustrou esses planos.

43

Os alemães desembarcaram em Oslo, Bergen, Trondheim, Kristiansand, Egersund e Narvik em 9 de abril. O desembarque em Oslo falhou parcialmente. O Forte Oscarsborg primeiro afundou o pesado cruzador *Blücher* e depois danificou fortemente o navio de batalha da fortaleza *Lützow.* O desembarque em Narvik foi bem sucedido, mas em 10 e 13 de abril, dez contratorpedeiros alemães foram cortados por contra-ataques da frota britânica. Em 15 de abril, os britânicos realizaram desembarques no centro da Noruega em Namsos e Åndalsnes. No entanto, suas forças expedicionárias foram derrotadas pelos alemães. Mais contra-ataques bem-sucedidos ocorreram perto de Narvik, o principal porto de trânsito do minério de ferro. As tropas francesas e britânicas reconquistaram o porto. Quando a França foi ameaçada, eles evacuaram a força expedicionária. No processo, o dirigível *Glorious* foi afundado pelos navios de guerra *Scharnhorst* e *Gneisenau.* O exército norueguês capitulou em 9 de junho de 1940. O rei e o governo fugiram para a Inglaterra. A frota de superfície alemã estava permanentemente enfraquecida pelas perdas.

Em 9 de abril, as tropas alemãs cruzaram a fronteira dinamarquesa e ultrapassaram Copenhague. Após duas horas de batalha, o governo dinamarquês se rendeu mesmo antes mesmo de ter tempo de declarar guerra à Alemanha. Oficialmente, a Dinamarca permaneceu assim um país neutro desocupado com uma pequena guarnição alemã, mas também com seu próprio rei, gabinete, parlamento e forças armadas. Os britânicos ocuparam as Ilhas Faroé em 12 de abril e a Islândia em 10 de maio, que foi colocada sob a administração dos EUA em 1941. A Groenlândia também se colocou sob o domínio americano mais tarde, em 1941, por iniciativa própria, mesmo antes de os EUA se tornarem um partido de guerra. Agosto de 1943, a Dinamarca ainda se encontrava sob o domínio militar alemão. A Islândia declarou sua independência em 1944.

A Campanha Ocidental de 1940

Em 10 de maio de 1940, a Wehrmacht alemã começou a implementar o *Fall Gelb*, o plano de ocupação da Holanda, Bélgica e Luxemburgo a fim de bombardear a Inglaterra a partir daí. Em seguida, também bloqueou uma possível rota de avanço para as ofensivas Entente previstas.

Como os Aliados possuíam uma superioridade numérica de homens, tanques e artilharia, eles ainda queriam alcançar a vitória através de uma estratégia inteligente. Esperava-se usar um ataque de diversão do Grupo B do Exército para atrair as melhores tropas britânicas e francesas para o norte e depois cortá-las através das Ardenas.

As defesas holandesas foram pegas desprevenidas por extensas aterrissagens aéreas alemãs. Embora um ataque a Haia tenha falhado, *9. Panzerdivision* entrou na Fortaleza Holandesa. Heinkel He 111s realizou o Bombardeamento de Rotterdam em 14 de maio e ameaçou destruir Utrecht, após o que o Comandante-Chefe General Winkelman entregou suas tropas na Holanda no final da tarde, com exceção da Zelândia. Na manhã de quarta-feira, 15 de maio de 1940, foi assinado o acordo de capitulação militar. O governo, a rainha Wilhelmina e a marinha fugiram para a Inglaterra.

A Força Expedicionária Britânica e os exércitos francês 7º e 1º se uniram ao Exército belga no centro da Bélgica. Enquanto isso, o Grupo A do Exército estava se movendo através das Ardenas. Em 13 de maio, bombardeios contínuos e maciços quebraram a frente principal francesa em Sedan e a infantaria motorizada alemã atravessou o Meuse.

Ao contrário do plano de Halder, os generais blindados alemães como Guderian e Erwin Rommel deixaram agora as cabeças de ponte sem esperar por reforços e, no estilo

47

de uma *Blitzkrieg,* realizaram uma penetração estratégica em direção ao Canal, que foi alcançada em 20 de maio.

Entretanto, uma "ordem stopgap" de Hitler, esmagada pelo sucesso, impediu que Dunquerque fosse tomada imediatamente, e através desse porto 330.000 tropas britânicas e francesas conseguiram escapar do cerco na evacuação de Dunquerque até 2 de junho, deixando para trás seu equipamento pesado. Entretanto, o exército belga capitulou em 28 de maio, encerrando sua Campanha dos Dezoito Dias. Leopold III da Bélgica permaneceu no país, mas o governo submergiu.

O sucesso alemão havia sido maior do que qualquer um havia ousado esperar, e foi decidido explorar isso derrotando imediatamente a França como um todo, de acordo com o plano *Fall Rot*. Um ataque contra o Somme começou em 5 de junho, seguido em 9 de junho por uma ofensiva principal que rasgou o centro da frente francesa. A tática de penetração estratégica tinha agora sido adotada pelo comando supremo alemão. Em 14 de junho, Paris foi declarada cidade aberta e em 17 de junho, tanques alemães chegaram à fronteira com a Suíça, circundando a Linha Maginot. A Itália declarou guerra em 10 de junho, limitando-se a uma fraca luta fronteiriça.

A Alemanha poderia facilmente ter conquistado toda a França, mas Hitler estava ansioso para chegar a um acordo com um governo francês para evitar a continuação da guerra das colônias e também para atrair os britânicos para a paz. Em 22 de junho de 1940, a França assinou um armistício no qual cedeu a Alsácia-Lorena e o país foi dividido em uma zona de ocupação norte e um estado fantoche do sudeste de Vichy-França, com o marechal conservador-nacionalista Philippe Pétain como chefe de estado. No entanto, o General Charles de Gaulle já havia anunciado em 18 de junho que continuaria a luta como líder dos franceses livres; por enquanto, eles tinham apenas um mínimo de seguidores. Em Roma, em 24 de

junho, a França cedeu uma zona de 800 km² para a Itália.
Em 3 de julho, os britânicos afundaram parte da frota
francesa no Ataque à Mers-el-Kébir, temendo que ela
caísse em mãos alemãs.

A Batalha da Grã-Bretanha

Após a derrota francesa, Hitler esperou em vão por uma oferta de paz britânica. O novo primeiro-ministro Winston Churchill, que sucedeu Neville Chamberlain em 10 de maio de 1940, queria que a guerra continuasse. É verdade que as forças terrestres britânicas eram fracas por enquanto, mas a superioridade da Marinha Real, a maior frota do mundo, tornou praticamente impossível uma invasão alemã. Hitler e a marinha alemã também reconheceram isso. Na esperança de intimidar os britânicos, ordenou, no entanto, os preparativos para a Operação Seelöwe, um desembarque, em 16 de julho de 1940. Inicialmente, faltava o planejamento e o desembarque de embarcações. Para dar uma semblante de uma chance, a Luftwaffe, a unidade das forças armadas alemãs mais bem equipada, tentou ganhar superioridade aérea por quase dois meses, eliminando os aeródromos da Royal Air Force no sul da Inglaterra. Devido ao rápido aumento da produção de aeronaves britânicas e a uma nova rede de instalações de radar, isto foi muito difícil. Ambos os lados ficaram exaustos.

O bombardeio acidental de uma área residencial em Londres, em 24 de agosto de 1940, levou a um ataque de retaliação britânico a Berlim. Hitler ordenou um bombardeio massivo a Londres. A partir de 7 de setembro de 1940, foram feitas tentativas para quebrar a vontade britânica de guerra através de bombardeios terroristas sistemáticos contra a população civil, mas isto provou ser um erro fatal. Os milhares de vítimas e danos feitos em Londres e em outras cidades não quebraram o moral. A Alemanha não tinha força de bombardeio estratégico e era fisicamente incapaz de devastar a Inglaterra. A RAF recuperou seus aeródromos e infligiu perdas cada vez mais pesadas aos alemães. *Seelöwe* foi adiada e eventualmente cancelada. A Luftwaffe havia perdido mais de 1.500 aeronaves, que subiriam para 3.332 até o final de março de 1941.

Para Churchill, o sucesso foi um grande impulso. Provou que os alemães poderiam ser derrotados e convenceu o povo britânico da necessidade e viabilidade de continuar a luta. A resistência heróica conquistou a plena simpatia da população americana e facilitou a Roosevelt a perseguição de uma política pró-britânica.

Estratégia alemã e americana

A Queda da França veio como um choque para o mundo inteiro. Isso implicou em uma convulsão na situação geoestratégica. A França tinha a reputação de ser a potência terrestre mais forte do mundo. Esse status agora caiu para a Alemanha, que estava ganhando hegemonia no continente europeu.

Os nazistas viram isso como o estabelecimento de uma Nova Ordem. As democracias liberais "decadentes" tinham chegado ao fim. As quatro grandes ditaduras totalitárias poderiam dividir o mundo, especialmente o Império Britânico, entre si: à Itália pertenceria a África, à

53

União Soviética Índia e ao Japão Sudeste Asiático. No entanto, não chegaria a uma aliança pacífica. A vitória alimentou os delírios de grandeza de Hitler.

Ele se iludiu que isso se devia ao seu gênio como general de campo. Ele começou a acreditar em sua própria propaganda de que a *Wehrmacht* era uma "máquina de guerra invencível". Não querendo permanecer dependente dos suprimentos de Stalin, ele ordenou os preparativos para a subjugação da União Soviética já em junho de 1940. Se o Reino Unido tivesse feito a paz, ele teria lançado um ataque no leste em setembro.

O povo alemão ficou muito aliviado com a rápida vitória, com apenas uma fração do número de mortos na Primeira Guerra Mundial. Hitler atingiu o auge de sua popularidade.

As pessoas também esperavam colher os benefícios econômicos disso em termos de um padrão de vida mais elevado. Produtos de luxo como café e cacau, saqueados da França e dos Países Baixos, ficaram disponíveis por um curto período. No entanto, um maior crescimento da prosperidade não estava nas cartas. Pelo contrário, devido à transição para uma economia de guerra, a produção de bens de consumo diminuiu.

O rendimento dos alimentos caiu quando as fábricas de fertilizantes mudaram para a fabricação de explosivos. Hitler tentou aliviar a dor limitando a apreensão dos gastos militares com o PIB a 38%, em comparação com os 60% que seriam alcançados em 1943. Isto forçou escolhas claras no uso de uma capacidade de produção limitada. Um plano caro e incerto para desenvolver uma bomba atômica foi rejeitado logo no início.

Em uma guerra de duas frentes, Hitler queria derrotar simultaneamente o Reino Unido e a URSS. Ele esperava fazer o primeiro, construindo centenas de submarinos. Além disso, a força aérea permaneceu uma apreensão de 40% da produção de armas.

A escassez de minério de ferro e mão-de-obra impediu a produção das dezenas de milhares de tanques que, segundo Guderian, eram necessários para uma guerra potencialmente prolongada no leste, além disto. As pessoas, portanto, assumiram otimisticamente que as novas táticas da *Blitzkrieg* garantiam uma vitória rápida sobre o Exército Vermelho.

Os americanos também ficaram chocados. A população começou a ver a Alemanha nazista como uma séria ameaça pela primeira vez. Roosevelt chegou a acreditar que a participação dos EUA na guerra do lado do Reino Unido era inevitável. Entretanto, ele teve que agir com cautela porque o isolacionismo ainda era muito forte. No início de junho de 1940, por ordem presidencial, ele enviou velhos estoques de armas e munições para os britânicos. Em 2 de setembro, ele concordou que os *Destroyers-for-bases negociassem* com Churchill: em troca de 50 velhos destroyers, muito úteis para o serviço de comboio, as bases britânicas no Hemisfério Ocidental foram arrendadas aos americanos. Em 16 de setembro, os EUA introduziram o conscription. Quando Roosevelt foi reeleito pela segunda vez em novembro, ele foi capaz de agir mais abertamente a favor dos britânicos. Em 29 de dezembro, em um programa de rádio, ele chamou os Estados Unidos de "Arsenal da Democracia" e anunciou um programa de produção maciça de armas. Recomendado como um meio de levar os britânicos a lutar em vez dos americanos, na verdade foi usado principalmente para transformar a maior economia do mundo em uma superpotência militar também. Em 11 de março de 1941, entrou em vigor a Lei de Empréstimo e Arrendamento Mercantil. Isto permitiu ao governo dos Estados Unidos alugar gratuitamente material de guerra no valor de 50 bilhões de dólares a outros aliados durante a guerra. Em 14 de agosto de 1941, o Reino Unido e os Estados Unidos concluíram a Carta Atlântica expondo sua visão sobre a situação do pós-guerra. Durante a segunda metade de 1941, navios de superfície norte-americanos escoltavam comboios no Atlântico ocidental e atacavam submarinos alemães.

A Batalha do Atlântico

Os submarinos alemães já tinham afundado o navio britânico *Courageous* e o navio de guerra *Royal Oak* em 1939. O calcanhar de Aquiles do Reino Unido era o fato de que 70% de seus alimentos tinham que ser importados. Um bloqueio eficaz poderia, portanto, fazer a Grã-Bretanha passar fome. A partir de 1940, utilizando portos franceses e um número crescente de submarinos, o *Kriegsmarine* tentou afundar mais navios mercantes britânicos do que aqueles que poderiam ser construídos.

Em 1941, eles já estavam perdendo essa corrida devido ao sistema eficaz de velejar em comboios escoltados. Após a declaração de guerra aos EUA, o objetivo se tornou completamente impossível, apesar da Operação Paukenschlag atingir a navegação costeira dos EUA.

Em maio de 1943, o número de submarinos operacionais alemães chegou a 240. As perdas aliadas foram altas, mas depois diminuíram rapidamente com a introdução de sistemas de sonar e radar para detectar submarinos, patrulhas aéreas de longo alcance e a quebra de códigos Enigma para criptografar as comunicações militares alemãs.

Embora 3.500 navios mercantes aliados tenham sido afundados no Atlântico, os alemães perderam 783 submarinos. Para eles, seu enorme investimento em armamento submarino não teve um impacto positivo perceptível no curso da guerra.

Além dos submarinos, a Alemanha também poderia caçar navios mercantes aliados com grandes navios de superfície, *raiders*. No entanto, eles não tinham muitos desses. Depois de perder o navio de guerra *Bismarck* em maio de 1941, eles não se aventuraram mais a oeste das Ilhas Britânicas. No entanto, eles atacaram comboios

Aliados para Murmansk dos fiordes noruegueses até 1944.

Guerra Aérea

Ao contrário da Alemanha, porém, o Reino Unido produziria em massa bombardeiros estratégicos de quatro motores com um longo alcance de vôo. A partir de fevereiro de 1941, tentou atingir os centros populacionais e indústrias alemães com estes.

Bem em 1944, esta era a única opção para atacar diretamente a Alemanha. O bombardeio teve pouco efeito no início, em parte devido à necessidade de operar somente à noite por segurança.

Em 1942, os EUA aderiram à guerra aérea. A fortaleza voadora fortemente armada B-17 permitiu que os americanos voassem mesmo durante o dia. Em 1943, os

61

Aliados tinham se tornado tão fortes que podiam começar a destruir sistematicamente todas as cidades alemãs. Isto obrigou os alemães a investir em um amplo cinturão de instalações de radar, aeródromos e armas antiaéreas, na França, nos Países Baixos, bem como na própria Alemanha. Isto reduziu o fornecimento de armas para as frentes.

Em 1944, 20% da produção alemã de munições e 30% das armas de fogo direto fabricadas eram destinadas às forças antiaéreas. No início de 1944, o Mustang P-51 dos EUA tornou-se disponível, um caça de longo alcance capaz de escoltar bombardeiros para a Alemanha. Em meados de 1944, os Aliados conquistaram a França, que fez um buraco nas defesas aéreas alemãs e lhes permitiu utilizar bases próximas à Alemanha.

A eficácia do bombardeio de tapete foi limitada. Ela não quebrou o moral da população civil e a produção da indústria de guerra alemã continuou a aumentar a cada ano. Foi somente no segundo semestre de 1944 que a produção industrial alemã caiu drasticamente.

A guerra aérea exigiu um enorme compromisso de homens e equipamentos de ambos os lados. Os Aliados usaram a Grã-Bretanha em 1944/1945 como base de ataque para uma frota aérea de trinta mil bombardeiros e caças, quinze vezes mais do que a *Luftwaffe* tinha disponível no oeste na época. As perdas aliadas foram elevadas, com quarenta mil aeronaves, mas sua grande capacidade de produção foi compensada. Os alemães perderam um total de cinqüenta mil aeronaves nesta batalha. Os Aliados lançaram um milhão e meio de toneladas de bombas sobre a Alemanha, matando meio milhão de civis alemães.

África e o Mediterrâneo

A Itália, com um exército fraco e capacidade industrial limitada, embarcou em uma série de aventuras militares nas quais apenas a ajuda alemã impediu uma derrota rápida. Em agosto de 1940, ocupou a Somalilândia Britânica. Uma contra-ofensiva britânica até novembro de 1941 causou a perda da Somalilândia, Eritréia e Abissínia italianas.

Duzentos mil homens invadiram o Reino do Egito, controlado pela Inglaterra, vindos da Líbia em 13 de setembro de 1940, ameaçando o Canal de Suez e os campos petrolíferos do Iraque e da Pérsia. Sobre isso, os britânicos capturaram o leste da Líbia. A frota italiana foi em grande parte eliminada. O Afrika Korps alemão sob Erwin Rommel reconquistou o Cyrenaica no início de 1941.

Após perder a área para ele novamente no final de 1941, Rommel avançou primeiro para Gazala em 1942 e depois para El Alamein, apenas 106 quilômetros a oeste de Alexandria. Ele não conseguiu mais romper a posição britânica ali.

Os Bálcãs

A Albânia já havia sido ocupada pelos italianos em abril de 1939. Mussolini, ciumento dos sucessos alemães, iniciou a Guerra Greco-Italiana em 28 de outubro de 1940.

A ofensiva italiana parou e uma contra-ofensiva grega depois de 14 de novembro de 1940 atirou os italianos bem além da fronteira albanesa. No início, os gregos recusaram o apoio britânico, para não provocar Hitler. Apenas uma pequena base foi permitida em Creta.

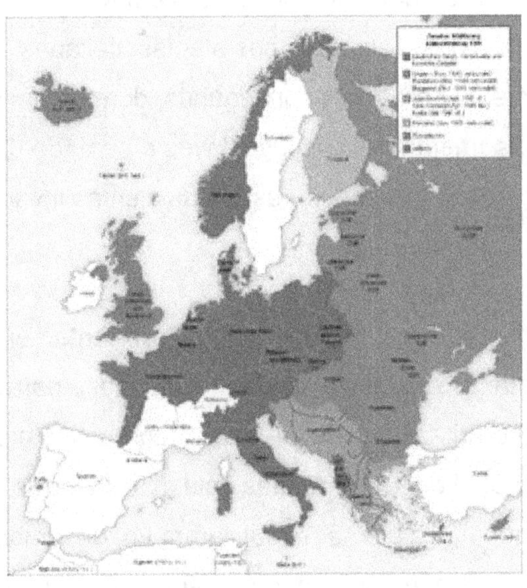

A Alemanha começou a fazer mudanças territoriais nos
Bálcãs.

A principal vítima foi a Romênia, que teve que ceder
Zevenburgen à Hungria, Bessarabia à União Soviética e
Dobroedzja do sul à Bulgária. Depois que as tropas
alemãs entraram na Bulgária, os gregos permitiram que as
tropas britânicas aterrissassem em seu continente.

A Iugoslávia também aderiu ao Eixo, mas em 27 de março
de 1941 ocorreu um golpe de Estado em resposta. Na
invasão da Iugoslávia, as forças alemãs, italianas,
húngaras e búlgaras, por conseguinte, dominaram as
defesas fragmentadas dos iugoslavos a partir de 6 de abril
de 1941. Ao mesmo tempo, as forças alemãs invadiram a
Grécia a partir da Bulgária.

Os gregos não conseguiram reforçar suficientemente a
Linha Metaxas e conectá-la à frente albanesa para que a
força greco-britânica cedesse sob a supremacia alemã.
Em 27 de abril de 1941, Atenas caiu. No dia 20 de maio,
os pára-quedistas alemães realizaram um desembarque
em Creta, que conseguiram capturar dos britânicos após
67

10 dias de luta intensa. A Iugoslávia e a Grécia estavam dividas. A campanha levou a um atraso nos preparativos alemães para a invasão da União Soviética.

As potências do Eixo estavam aparentemente no controle dos Bálcãs, mas enfrentariam lutas partidárias ferozes na Iugoslávia, Albânia e Grécia, que os Aliados ocidentais apoiaram com o fornecimento de armas e limitaram muitas divisões. Os movimentos nacionalistas e comunistas de resistência também lutaram entre si levando à Guerra Civil Grega que duraria até 1949.

Na Iugoslávia e na Albânia, os comunistas eram suficientemente fortes para expulsar os alemães de grandes áreas mais ou menos por conta própria, permitindo-lhes permanecer mavericks no bloco comunista do pós-guerra. Da Grécia, os alemães se retiraram por sua própria vontade no final de 1944, quando o avanço do Exército Vermelho ameaçou cortá-los.

A frente oriental

A batalha na Frente Leste foi o conflito central na Europa entre 1941 e 1945, no qual as duas maiores potências européias determinaram em grande parte o resultado da guerra. O nacional-socialismo queria ganhar o *Lebensraum* exterminando os judeus do leste, destruindo o comunismo e, segundo o *Generalplan Ost,* subjugando permanentemente uma população eslava esgotada a uma camada superior de colonizadores germânicos. Mais do que uma busca imperialista de território ou recursos, foi uma luta existencial de vida ou de morte para ambos os Estados.

A frente oriental foi a que sofreu mais baixas, entre civis e soldados. Dos 3 251 868 mortos e desaparecidos no exército de campo alemão até 30 de novembro de 1944, depois dos quais não há dados exatos, 2 416 784 caíram sobre a Frente Leste. Isto reflete a distribuição relativa de homens, suprimentos e equipamentos.

Na frente oriental, a Alemanha foi derrotada. Como o atrito em outras frentes era muito menor, e a força aérea, antiaérea ou naval levou um terço das forças militares disponíveis, a propósito, apenas uma minoria da força total da Alemanha estava no leste em um determinado momento. Embora a mão-de-obra da Wehrmacht tenha aumentado para cerca de 10 milhões em 1943, sua força na frente oriental caiu para menos de três milhões, em parte porque a maioria fez tudo o que podia para ser implantada em outro lugar. O Exército Vermelho registrou a morte de 6 329 000 soldados.

Operação Barbarossa

Em 22 de junho de 1941, o exército alemão estava no auge de seu poder de batalha, pois uma massa de 153 divisões estava pronta em plena força e totalmente abastecida para a invasão da União Soviética.

Mais de três milhões de soldados alemães, equipados com 3580 tanques, 7184 armas e 2740 aeronaves iniciaram a Operação Barbarossa, apoiada pelos exércitos romeno e finlandês. O muito maior exército vermelho de quase seis milhões de soldados, 25 700 tanques e 18 700 aeronaves foi o inferior em experiência, competência, treinamento, capacidade de batalha e apoio logístico. Na primeira fase, os soviéticos cometeram o erro de tentar imitar a guerra do movimento moderno alemão em vez de cavar ou se posicionar em profundidade. Como resultado, seus exércitos de fronteira e corpos mecanizados foram cercados e destruídos em cinco semanas.

No final de julho, a Alemanha parecia ter vencido a guerra contra a União Soviética - e com ela a Segunda Guerra Mundial como um todo. As encomendas de armas para o exército foram firmemente reduzidas.

O Grupo do Exército Alemão Norte agora tinha que avançar para Leningrado, o Grupo do Exército Sul tinha que alcançar os campos de petróleo no Cáucaso e o Grupo do Exército Central tinha que capturar Moscou. Antes de outubro, toda a área a oeste do Volga tinha que

71

ser ocupada antes da lama do outono, tornando a rede viária não pavimentada intransitável. Não se esperava mais resistência de qualquer significado.

Na verdade, grandes exércitos soviéticos estavam novamente se formando na linha de Luya - Smolensk - Kiev. As pessoas haviam subestimado seriamente a capacidade de mobilização do Exército Vermelho: ele convocaria quase 30 milhões de reservistas e recrutas até o final da guerra.

O retrocesso levou a uma crise no comando alemão. Começou a se perceber que a batalha não duraria poucos meses, mas muitos anos, enquanto o país não estava preparado para uma guerra prolongada. O exército alemão usou o mês de agosto para reabastecer e estabelecer uma nova estratégia.

Nisso, ocorreu um segundo desenvolvimento ameaçador para os alemães: Hitler, embora um amador total, começou a interferir cada vez mais no comando operacional. Ele ordenou que o Grupo do Exército Central virasse para o sul para se juntar ao Grupo do Exército Sul na destruição do exército soviético perto de Kiev. Uma vez que as tropas estavam de volta à posição, a ofensiva contra Moscou parou em outubro. Durante as primeiras geadas, chegaram à linha Leningrado - Moscou - Rostov, mas depois as tropas mal abastecidas foram atingidas pelo frio russo, sem equipamento de inverno. A primeira verdadeira contra-ofensiva da União Soviética, em dezembro e janeiro de 1942, fez o Grupo do Exército Middle recuar quase duzentos quilômetros.

Em 11 de dezembro, Hitler declarou guerra aos Estados Unidos da América. Em quatro meses, a Alemanha havia passado de uma posição aparentemente conquistada para uma posição geo-estratégica desastrosa.

Stalingrado

O exército alemão da Frente Leste foi enfraquecido permanentemente no inverno de 1941/1942. A produção alemã de armas aumentou apenas gradualmente e a força do tanque nunca mais chegaria a três mil. A indústria de armas muito maior da União Soviética, entretanto, havia sido evacuada de Leningrado e Kharkov para os Urais e fabricaria vinte mil tanques até 1942, dos tipos superiores T-34 e KV-1. Os novos exércitos soviéticos foram afixados principalmente em frente a Moscou. Isto deixou o setor sul ainda mais ocupado. Como resultado, Hitler ordenou que se rompesse com cerca de cinqüenta divisões que ainda tinham conseguido se fortalecer. Desta forma, ele esperava capturar os campos de petróleo no Cáucaso, ganhando tanto combustível quanto tempo para construir a indústria de guerra alemã. As unidades blindadas alemãs chegaram ao Don no verão de 1942 e depois voltaram-se para o sul para uma marcha distante em direção a Baku, que, no entanto, nunca seria alcançada. Eles não poderiam mais cumprir seu papel de reserva blindada enquanto os longos flancos de seu avanço só poderiam ser cobertos com a implantação de exércitos inferiores italianos, húngaros e romenos.

A situação tornou-se ainda mais arriscada quando Hitler ordenou a captura de Stalingrado no Volga, um importante centro da indústria de armas. O Sexto Exército sob Friedrich Paulus, em uma inútil batalha de prestígio, se deixou envolver em sangrentas lutas urbanas. Um movimento de pinça, através de exércitos romenos de flanco, cercou um quarto de milhão de homens do 6º Exército na Operação Urano em novembro de 1942. Uma tentativa de desacoplamento por tropas encouraçadas, que se precipitaram a se retirar do Cáucaso, falhou, e em 2 de fevereiro de 1943 os remanescentes capitularam. Nunca antes um exército alemão inteiro havia sido perdido. As ofensivas soviéticas posteriores também destruíram as tropas húngaras e italianas, após o que quase toda a área sobre o Cáucaso teve que ser evacuada pelos alemães e os pináculos blindados avançaram centenas de quilômetros para o oeste.

A perda de prestígio para a Alemanha foi enorme. Joseph Goebbels declarou "guerra total", ou seja, com cargas ainda mais pesadas para a população alemã. A batalha mostrou que o Exército Vermelho adquiriu gradualmente a capacidade operacional para derrotar as unidades alemãs mais bem treinadas com uma superioridade numérica de tropas de menor qualidade.

El Alamein, *Tocha* e Itália

Ao mesmo tempo em que a Batalha de Stalingrado, Bernard Montgomery, significativamente reforçada com equipamentos americanos, infligiu uma derrota devastadora a Rommel na Segunda Batalha de El Alamein, em novembro de 1942. No mesmo mês, britânicos e americanos desembarcaram na Argélia e no Marrocos em Operação Tocha. Rommel avançou para o oeste na Tunísia, mas o exército do Eixo ali foi destruído em maio de 1943, de modo que eles foram completamente expulsos da África.

Os Aliados desembarcaram na Sicília em 10 de julho de 1943, o que levou à queda e prisão de Benito Mussolini em 25 de julho, após o que o governo de Pietro Badoglio negociou secretamente a paz. Em 3 de setembro de 1943, o Estreito de Messina foi atravessado. A Itália concluiu um armistício em 8 de setembro e ficou do lado dos Aliados em 13 de outubro. Os alemães tinham ocupado a Itália de acordo com *Fall Achse* desde o início de agosto e encontraram pouca resistência italiana. Cerca de setecentos mil prisioneiros de guerra italianos que transportaram como escravos do trabalho. As unidades blindadas alemãs que resistiram à Operação Avalanche, o desembarque em Salerno, em 9 de setembro, se retiraram e, com reforços, formaram uma forte frente principal ao sul de Roma. As tentativas de quebrá-la na Batalha de Monte Cassino falharam. Entretanto, os alemães se sentiram obrigados a evacuar a Sardenha e a Córsega já em 1943. Em janeiro de 1944, os Aliados tentaram atacar a linha pelas costas através do Landing em Anzio, mas mesmo isso permaneceu uma cabeça de ponte isolada. Foi somente em maio de 1944 que a linha foi quebrada e Roma liberada em 4 de junho de 1944. Os alemães bloquearam então um avanço para o norte na *Gotenstellung*, que só caiu em abril de 1945, após o que os alemães capitularam na Itália em 30 de abril.

A frente italiana apreendeu cerca de 30 divisões alemãs, enfraquecendo gravemente a frente oriental. Em 12 de setembro de 1943, Mussolini foi libertado por uma ação de comando alemã e depois liderou a República Social Italiana, um estado sem o sul e sul do Tirol anexado à Alemanha. O ISR fez apenas um pequeno esforço de guerra. Em 28 de abril de 1945, Mussolini foi executado por partidários.

Conferências de Casablanca e Teerã

A grande coalizão que se formou em 1941 entre o Reino Unido, a URSS e os Estados Unidos lutou para chegar a uma estratégia conjunta. Havia sempre a ameaça de que os Aliados ocidentais ou a União Soviética fariam uma paz separada com a Alemanha.

Uma paz no Ocidente acabaria com os principais fornecimentos de armas dos Aliados ao Exército Vermelho, daria a Hitler acesso a petróleo e matérias-primas e libertaria milhões de soldados para o que poderia ser uma batalha bem sucedida na frente oriental. Por outro lado, sem uma frente tão oriental, os desembarques bem sucedidos na Europa se tornariam extremamente problemáticos e a libertação da Europa Ocidental seria duvidosa.

Houve também pontos de disputa entre o Reino Unido e os EUA. Eles já haviam concordado em 27 de março de 1941 em dar prioridade à luta na Europa sobre a luta contra o Japão.

Em 1942, porém, o Japão obteve grandes vitórias e Roosevelt queria uma maior contribuição britânica para a guerra na Ásia e esperava completar a vitória final contra Hitler o mais rápido possível para que as forças americanas fossem libertadas para os combates no Pacífico.

Ele apostou na abertura de uma Segunda Frente em 1943, algo que Stalin também insistiu fortemente.

Entretanto, os britânicos não consideraram isto realista.
Churchill queria que a "barriga mole" da Europa fosse
atacada, primeiro por um desembarque na Itália e depois
por um desembarque nos Bálcãs. Ele sempre foi um forte
anti-comunista e assim esperava impedir a dominação
soviética da Europa Oriental. Churchill não era avesso a
uma paz separada com a Alemanha, desde que Hitler
fosse derrubado.

Em janeiro de 1943, na Conferência de Casablanca, as
diferenças entre os Aliados ocidentais foram parcialmente
resolvidas. Primeiro conquistariam a Tunísia e
aterrissariam na Itália, mas depois a França e não os
Bálcãs.

Foram feitos esforços para reconciliar o francês livre de Gaulle e as autoridades francesas no norte da África para que, muito gradualmente, a França recuperasse o papel de parceiro pleno na guerra, algo facilitado pelo fato de a Alemanha ter ocupado a França depois da *Tocha* Vichy. Roosevelt tinha a Declaração de Casablanca incluindo a exigência de uma "rendição incondicional" das potências do Eixo, o que praticamente excluía uma paz separada.

Stalin não tinha estado presente em Casablanca. Em novembro de 1943, ele conheceu Churchill e Roosevelt na Conferência de Teerã. Lá, Churchill concordou com um desembarque na França em maio de 1944, o fim de seus planos nos Bálcãs. Stalin prometeu uma grande ofensiva de verão para aquele ano. Churchill e Stalin chegaram a um acordo sobre as novas fronteiras da Polônia. Também foi acordado dividir a Alemanha. Roosevelt sugeriu a formação de uma Organização das Nações Unidas. Ao fazer isso, ele animou Stalin sobre a idéia de dividir o mundo em dois blocos de poder após a guerra, que poderiam coexistir pacificamente.

Kursk e Ucrânia

O colapso da frente alemã na Ucrânia fez com que Hitler percebesse que precisava colocar o comando operacional na frente oriental nas mãos de um profissional. Em uma brilhante campanha durante fevereiro e março de 1943, Von Manstein destruiu os pináculos blindados do Exército Vermelho e estabilizou a situação, reconquistando Kharkov. Era para continuar sendo a última grande vitória alemã da guerra. Durante 1943, a produção alemã de tanques aumentou.

A Guderian instou Hitler a usar isso para formar uma grande reserva blindada no leste de cerca de dois mil tanques. Se um número igual pudesse ser reunido no

Ocidente, havia uma boa esperança de repelir qualquer ataque dos Aliados. Isso dependia da criação de divisões blindadas equilibradas de granadeiros, nas quais a infantaria, equipada com meias pistas, trabalhava de perto com tanques e bombardeiros de mergulho.

Hitler, entretanto, deu prioridade a seus objetivos políticos. Com medo de um golpe dos generais, ele permitiu que as Waffen-SS se tornassem um exército paralelo. A mão-de-obra gasta com ela poderia ter sido utilizada de forma muito mais eficiente, trazendo à tona as divisões regulares estruturalmente com falta de pessoal.

A SS enfatizou o suposto valor de uma fanática "vontade nacional-socialista de conquistar" sobre o profissionalismo. Isso também tinha que justificar a ordem de Hitler de permanecer sempre firme, mesmo quando um retiro era a única opção sensata.

Depois de Stalingrado, Hitler quis dissipar a impressão de que a Alemanha já havia perdido a guerra. Para isso, foi necessário realizar uma grande ofensiva de verão, como em 1941 e 1942. O arco frontal próximo a Kursk foi escolhido como o início dessa operação. A Alemanha tinha desenvolvido uma nova geração de tanques em resposta ao T-34: o Tigre I e o Pantera. Esses tipos se mostraram caros para produzir e Hitler adiou o ataque até que mais alguns deles se tornaram disponíveis. Isso permitiu ao Exército Vermelho construir amplas cinturas de defesa de artilharia anti-tanque em Kursk.

Na batalha de Kursk, em julho de 1943, este último grande ataque dos alemães encalhou. Eles perderam a iniciativa estratégica para o bem, mas também a chance de montar uma defesa eficaz. Seu número de tanques operacionais caiu para a marca dos mil, insuficiente para fechar suas linhas fracas, ocupadas por divisões de infantaria não tripuladas ainda dependentes do transporte de cavalos, após um avanço pelos exércitos de tanques inimigos.

Em setembro, o exército alemão fugiu para o Dnieper. Esperava construir um *Ostwall* sobre o amplo riacho atrás do qual se recuperar. O comando soviético percebeu que isto tinha que ser evitado a todo custo. O Exército Vermelho atravessou o rio e até abril de 1944 conduziu uma série de ofensivas nas quais uma mobilização maciça de tropas e tanques expulsou os alemães da Ucrânia ocidental. Hitler proibiu trazer divisões blindadas da

França por medo de que isso fizesse parte de um plano para derrubá-lo. Sua única esperança era fazer a "invasão" falhar. Sua proibição de recuar levou a perdas alemãs desnecessariamente pesadas.

Aterragem na Normandia

Até o verão de 1944, os grandes exércitos e reservas materiais construídos pelos Aliados ocidentais dificilmente haviam sido implantados. Eles só poderiam se tornar um fator decisivo depois de invadir a Europa Ocidental.

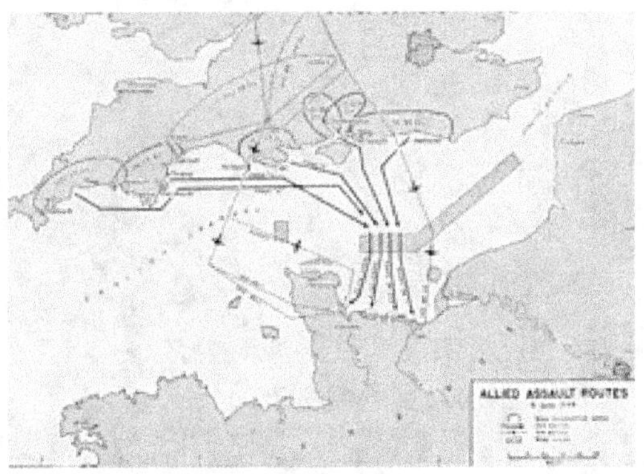

Era essencial para uma defesa bem sucedida da Alemanha que tal desembarque fracassasse. Entretanto, devido a perdas na Frente Leste, Hitler havia acumulado apenas metade das reservas de blindagem necessárias na França, apesar do aumento da produção de tanques. A superioridade aérea aliada dificultaria a movimentação dessas reservas. Rommel esperava conduzir as forças de desembarque para o mar já nas primeiras 24 horas porque a linha de defesa da costa oeste, a *Muralha Atlântica*, tinha pouca profundidade. Entretanto, ninguém ousou adivinhar onde exatamente os desembarques seriam feitos e as reservas foram dispersas.

Em 6 de junho de 1944, *dia D*, começou a Operação Overlord, a maior operação combinada anfíbia e aérea da história, com mais de seis mil embarcações, apoiadas por doze mil aeronaves, aterrissando em cinco cabeças de ponte na costa da Normandia. Por causa de seus estoques de equipamentos, os Aliados venceram a guerra de atrito com as reservas alemãs de chegada lenta. No final de julho de 1944, os americanos invadiram a Operação Cobra, abrangendo a frente principal alemã a partir do oeste. Hitler proibiu um recuo e as forças alemãs na Normandia foram em grande parte destruídas. Em 15 de agosto, os Aliados desembarcaram no sul da França, na Operação Dragoon, e avançaram rapidamente para o norte. Paris foi libertada pelos franceses livres em 25 de agosto de 1944. O exército alemão fugiu para o nordeste. No início de setembro, a França e a Bélgica estavam em grande parte liberadas.

Operação Bagagem

Após o Dia D, uma parte significativa das divisões blindadas alemãs foi transferida do leste para a França. A frente oriental alemã era agora muito vulnerável. A perda da Ucrânia ocidental havia estendido a linha de frente para cerca de quatro mil quilômetros. As reservas blindadas que restaram tiveram que ser colocadas no sul da Polônia para evitar que o Exército Vermelho avançasse todo de uma só vez para o Mar Báltico. O Grupo Central do Exército, que ainda tinha 70 tanques, foi atacado na Operação Bagagem em 22 de junho de 1944 e praticamente destruído em um mês. A Bielorrússia foi liberada e o avanço acabou isolando o Grupo do Exército Norte em Courland.

A Finlândia encerrou todas as operações de guerra contra a União Soviética em 5 de setembro. Em 20 de agosto, o Exército Vermelho abriu uma grande ofensiva contra a Romênia. Dois exércitos alemães foram cercados e destruídos, após o que o país tomou o lado dos Aliados. Isto roubou a Alemanha de sua única grande fonte de petróleo. Em 5 de setembro, a União Soviética declarou guerra à Bulgária, que imediatamente cessou toda a

resistência. O Exército Vermelho atravessou os Cárpatos
e avançou até Budapeste.

Atraso no avanço dos Aliados

As catástrofes do verão de 1944 haviam causado danos irreparáveis à Wehrmacht. Na Normandia e na frente oriental, 130 divisões haviam sido destruídas ou isoladas. Só se podia fechar as frentes empregando recrutas mal treinados para elas, o que reduzia drasticamente a qualidade das unidades de combate.

Isto foi ainda pior porque os exércitos dos Aliados Ocidentais consistiam de divisões de elite: totalmente motorizados e amplamente equipados com veículos blindados. No entanto, isto não levou ao colapso imediato da Alemanha nazista. O avanço dos Aliados estagnou e só foi retomado no início de 1945.

Em parte, isto se deveu a medidas de emergência desesperadas tomadas pelo regime. Após o assassinato de Hitler, prevaleceu uma atmosfera paranóica de terror e qualquer sinal percebido de resistência ou relutância poderia ser punido com a morte.

As mulheres estavam sujeitas a uma obrigação de trabalho prolongada e qualquer homem ou garoto que pudesse carregar uma arma foi recrutado para o *Volkssturm*. A principal razão do atraso, no entanto, residiu em grandes problemas logísticos: após os intensos combates, as tropas aliadas tiveram que ser reabastecidas e, por causa do grande terreno ganho em linhas de abastecimento mais longas, no oeste da Normandia.

Em 17 de setembro, na Operação Market Garden, os britânicos e americanos tentaram, no entanto, explorar rapidamente a fraqueza alemã. As aterrissagens aéreas deveriam tomar as pontes sobre os principais rios holandeses para circundar a Westwall através da Ponte do Reno em Arnhem e seguir para o Ruhr. Isto falhou e somente a sangrenta Batalha do Escalda permitiu que os Aliados desimpedissem a rota marítima para o porto vital de Antuérpia, no outono. Em dezembro de 1944, Hitler jogou sua última reserva blindada para a ofensiva das Ardenas para retomar Antuérpia; isto atrasou o novo ataque dos Aliados em apenas seis semanas. A propaganda alemã na *Wunderwaffen* sugeriu que um último esforço poderia ganhar tempo para o lançamento de armas atômicas, mas na verdade a V1, uma "bomba voadora", e o míssil balístico V2 só poderiam ser equipados com ogivas convencionais que causaram vários milhares de vítimas civis, especialmente em Londres e Antuérpia.

1945

Em janeiro de 1945, o Exército Vermelho abriu a ofensiva Wisła-Oder com a maior concentração de homens e equipamentos da guerra. Como Hitler havia desperdiçado sua reserva de blindagem na ofensiva das Ardenas, o ataque não pôde mais ser enfrentado e o exército alemão na Polônia foi esmagado, com os soviéticos avançando até Berlim.

A batalha foi prolongada porque, temendo ataques de flanco, eles expurgaram a Silésia, Prússia Oriental e Pomerânia pela primeira vez em março. Hitler, por sua vez, ordenou alguns ataques infrutíferos na Hungria. Isto só levou ao esgotamento de suas tropas. Viena foi rapidamente tomada e os políticos de lá voltaram a proclamar uma Áustria independente. Em abril de 1945, um movimento de pinça cercou a capital alemã na Batalha de Berlim.

Em fevereiro de 1945, os britânicos e americanos capturaram a Renânia. O Reno não se mostrou um obstáculo intransponível depois disso.

Em 7 de março de 1945, os americanos capturaram a ponte Ludendorff perto de Remagen, e em 24 de março, as tropas aliadas cruzaram o Reno em Wesel na Operação Plunder, o último grande pouso aéreo da guerra. As defesas alemãs no Ocidente entraram em colapso em resposta. A Wehrmacht anunciou sua intenção de poupar o maior número possível de civis da vingança do Exército Vermelho desta forma.

Na Holanda, entretanto, os oficiais SS holandeses continuaram a defender a Holanda e Utrecht, exacerbando o inverno da fome. Hitler emitiu os "decretos Nero" para destruir o país, a fim de negar ao povo alemão inferior qualquer possibilidade de existência após a guerra, mas

95

eles não puderam ser implementados em larga escala. Americanos e russos apertaram as mãos em Torgau no Elba em 25 de abril de 1945. Hitler, percebendo que tudo estava perdido, cometeu suicídio em seu bunker cercado de Berlim em 30 de abril de 1945. Em 1º de maio de 1945, a rádio alemã anunciou que o Führer havia morrido à frente de suas tropas em defesa de Berlim. Com esta última mentira, a Alemanha nazista foi ao chão. As tropas na Holanda se renderam em 5 de maio. A rendição geral foi assinada por representantes do governo de Karl Dönitz em 7/9 de maio de 1945.

Depois que os países da América Central e do Brasil já os haviam precedido, no início de 1945 a maioria dos países sul-americanos também declarou guerra à Alemanha, assim como à Turquia. A participação na guerra foi inicialmente uma condição para se tornar um membro das Nações Unidas, que foi estabelecida em abril. Na Conferência de Yalta de 7 a 11 de fevereiro de 1945, durante a qual Roosevelt, Churchill e Stalin fizeram muitos arranjos formais e informais sobre a situação do pós-guerra, a União Soviética havia concordado em participar da ONU, com assentos separados para Belarus e Ucrânia.

Comparação econômica

O curso da guerra dependia de uma forma complexa da produção relativa de armas. A Alemanha já estava por trás dos Aliados neste processo no início da guerra. Conseguiu alcançar êxitos somente por causa da superioridade tática.

O desequilíbrio foi pior em 1942. Em pouco tempo, os EUA haviam criado um complexo militar-industrial que produziu o dobro das potências do Eixo. As grandes empresas industriais tiveram a liberdade de regular a economia em estreita cooperação. A produção industrial total aumentou um trimestre por ano, para mais do dobro até o final da guerra.

A economia planejada soviética permitiu um crescimento semelhante na indústria de armas em 1942, embora às custas do restante do consumo. No entanto, devido à situação estratégica, a Alemanha conseguiu se manter em 1942 e 1943. Em 1944, a Alemanha já havia se recuperado em grande parte. No entanto, não pôde acumular reservas devido a erros estratégicos, enquanto as forças alemãs foram prejudicadas pela escassez de combustível. O Dia D trouxe os exércitos americanos para o campo de batalha e a vantagem tática da Alemanha caiu, o que selou sua derrota.

Em 1942, Hitler e seus aliados na Europa controlavam uma área, o *Großraum,* com mais habitantes que a União Soviética e os EUA combinados e com uma produção econômica igual à dos americanos. Entretanto, esse potencial foi pouco explorado e, como um todo, dificilmente cresceu também.

A negligência anterior das ferrovias obrigou os alemães a saquearem locomotivas de outros países, reduzindo drasticamente a capacidade de transporte dos territórios ocupados. A produção estagnada de carvão, de longe a mais importante fonte de energia, não poderia mais ser distribuída eficientemente. A maioria dos aliados era técnica e socialmente subdesenvolvida e suas populações não podiam ser prontamente utilizadas para o esforço de guerra alemão.

Os Países Baixos e a França ainda contribuíram bastante em 1941, mas grande parte de sua força de trabalho teve que realizar trabalho forçado na Alemanha para que mais alemães pudessem se alistar, um sistema ineficiente. O emprego em massa de prisioneiros de guerra, operários forçados e judeus destruiu ainda mais mão-de-obra. A Alemanha não tinha uma economia realmente planejada.

À medida que o NSDAP foi tomando conta da sociedade, os ministérios perderam seu poder de fato e o serviço público se tornou ineficaz. O próprio partido se desintegrou em facções beligerantes, todas competindo pelo favor de Hitler. Os industriais se juntaram e tentaram soltar dinheiro e recursos com projetos espetaculares, embora impraticáveis.

A produção agrícola estava vacilando e todo o continente estava se equilibrando à beira da fome em caso de fracasso das colheitas. Mesmo antes da invasão da União

99

Soviética, havia sido calculado por Herbert Backe que somente a população urbana de lá poderia fornecer um excedente alimentar para a Alemanha.

Entretanto, este *Plano da Fome* não poderia ser implementado sistematicamente e a área não poderia sequer alimentar as forças de ocupação alemãs. Em geral, os territórios ocupados custam à Alemanha mais do que eles renderam.

A produção relativa de tanques da Alemanha e da União Soviética pode servir como exemplo de desenvolvimento.

A Alemanha produziu muitas aeronaves, mas a produção das potências do eixo ficou muito atrás da produção total das aeronaves dos Aliados.

A guerra na Ásia

Japão na primeira metade do século 20

O Japão modernizou-se radicalmente durante o período Meiji, na segunda metade do século XIX. Entretanto, a nova superpotência industrial não possuía recursos naturais. Entre 1859 e 1942, o Japão adotou uma política imperialista de garantir o abastecimento de matérias-primas e alimentos através da conquista e controle dos países vizinhos. Para este fim, criou um exército forte e uma das maiores marinhas do mundo.

As vitórias na Primeira Guerra Sino-Japonesa (1894-1895) e na Guerra Russo-Japonesa (1904-1905) resultaram no controle japonês de Taiwan ao sul, da Coréia e da Manchúria ao oeste e de Sakhalin ao norte. Em 1919, o Japão ganhou o controle do vasto território do Mandato do Pacífico Sul. A introdução em 1925 do sufrágio universal provocou uma reação conservadora que cada vez mais minou a democracia parlamentar.

O impulso imperialista japonês foi reavivado pela Grande Depressão depois de 1929. Os militares começaram a determinar cada vez mais a política externa. Entre 1932 e

101

1936, o país foi governado por almirantes. Após o fracassado golpe no Japão, em 26 de fevereiro de 1936, o exército impôs que o ministro da guerra fosse sempre um general em serviço. Depois disso, o país foi efetivamente uma ditadura militar.

A Segunda Guerra Sino-Japonesa

Com a Guerra de Proteção Nacional de 1915, a autoridade central da China perdeu o poder para os senhores da guerra regionais. O Japão ganhou mais influência como resultado e forçou o fraco governo chinês a "tratados desiguais". Os tratados eram mal aplicados: um governo fraco não podia aplicá-los e um governo forte não tinha interesse neles.

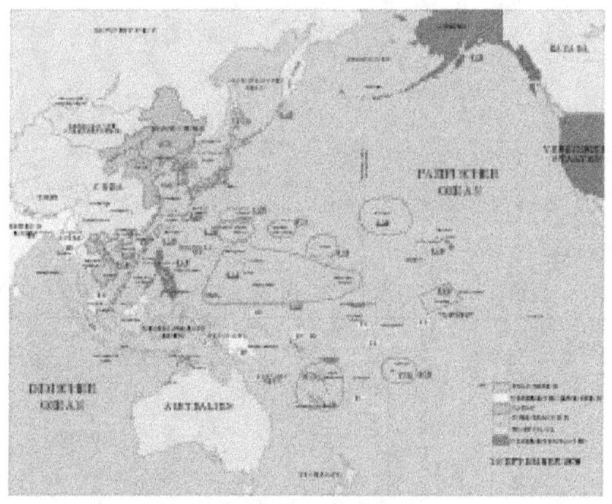

Após colocar os senhores da guerra no sul e no centro da China sob seu controle, Chiang Kai-shek, líder do Kwomintang, liderou a Expedição do Norte em 1927 e 1928 contra os chefes dos senhores da guerra do norte em Pequim. Quando Zhang Xueliang, o senhor da guerra que controlava a Manchúria, declarou sua lealdade a Chiang, os japoneses intervieram. Eles criaram um estado de satélite de Manchukwo em 1931 sob o último imperador chinês Pu Yi. O Japão se retirou da Liga das Nações, que condenou esta ação. Chiang atacou até 1936, com ajuda alemã, principalmente os comunistas que ele expulsou do sul da China. O Japão começou a controlar os senhores da guerra no norte.

No final de 1936, Chiang foi raptada por Zhang Xueliang, o Incidente Xi'an, e forçada a aliar-se com os comunistas contra os japoneses. Oficiais do Exército de Kwantung, portanto, provocaram o Incidente da Ponte Marco Polo em 7 de julho de 1937, sem o conhecimento do comando supremo japonês, como pretexto para ocupar o nordeste da China.

Na perspectiva asiática, esta Segunda Guerra Sino-Japonesa é considerada o início da Segunda Guerra Mundial. Chiang continuou a se opor veementemente à invasão. O Japão atacou sua capital no final de 1937, resultando no Massacre de Nanking com trezentos mil vítimas civis. Milhões de camponeses morreram de terror, enchentes e fome. O Japão não conseguiu derrotar a China ou explorar de forma lucrativa os territórios ocupados.

O caminho para Pearl Harbor

Em 1938, desenvolveu-se uma guerra de fronteira entre o Japão e a União Soviética, que ocupou Xinjiang e apoiou seu estado de satélite comunista, a Mongólia. Em agosto de 1939, o General Zhukov obteve uma vitória decisiva sobre os japoneses na batalha de Halhin Gol, depois da qual o Japão abandonou sua busca de expansão territorial do norte. A influência política do Northern Assault Group, o expoente do Exército japonês, diminuiu em favor do Southern Assault Group, o favorito da Marinha japonesa. Quando a Alemanha invadiu a União Soviética, o Japão permaneceu neutro, considerando um bom relacionamento com Stalin como apoio a um ataque do sul.

Em 1940, o Japão assinou o Pacto das Três Potências, um tratado de assistência, com a Alemanha e a Itália. Após a conquista alemã da Holanda e da França, havia temores nos Estados Unidos de que o Japão explorasse esta situação tomando posse de colônias ocidentais no sudeste asiático. Setembro de 1940, Vichy-France foi de fato obrigada a colocar o norte da Indochina sob controle japonês. Como punição, os EUA, o Reino Unido e o governo holandês no exílio, que ainda controlavam os recursos petrolíferos nas Índias Orientais Holandesas, instituíram um boicote de petróleo e aço contra o Japão. As forças militares japonesas lideradas pelo almirante Isoroku Yamamoto começaram a preparar uma campanha para expulsar os Estados Unidos do Pacífico. Julho de 1941 também ocupou o sul da Indochina.

Ao contrário dos alemães, a liderança militar do Japão, o governo e o imperador perceberam muito bem que tal batalha acabaria por ser inútil. Apesar de uma forte base industrial, uma guerra de atrito contra a maior economia do mundo estava fadada a se perder.

Não fazer nada não era uma opção, pois o país entraria então em colapso econômico e militar devido ao boicote por falta de matérias-primas e petróleo, 90% do qual importava. Cumprir as exigências dos EUA levaria, sem dúvida, a mais pressões diplomáticas para se retirar da China.

Tal perda de rosto não seria compatível com a honra do exército. Ao contrário, eles aceitaram o alto risco de uma heróica derrota militar, consolando-se com a pequena chance de ganhar uma base econômica através da conquista de campos de petróleo no sudeste asiático, incluindo as Índias Orientais Holandesas, que forçaria os EUA a se estabelecerem após um ataque devastador ao Pearl Harbour.

A ofensiva japonesa

O Japão tinha a maior frota de navios de acampamento voadores do mundo em 1941. Estes realizaram um ataque surpresa ao Pearl Harbour no arquipélago havaiano em 7 de dezembro de 1941. A frota de combate dos EUA foi em grande parte nocauteada, mas os três navios de acampamento de vôo sobreviveram porque estavam em exercício.

Ao mesmo tempo, começaram os ataques contra a Malaca britânica e a colônia americana das Filipinas. Em 11 de dezembro, Hitler declarou guerra aos Estados Unidos, na esperança de que fosse mantida ocupada pelos japoneses por enquanto.

Após uma breve invasão, a Tailândia cessou qualquer resistência e ficou do lado dos japoneses em janeiro de 1942. O navio de guerra britânico *Prince of Wales* e o cruzador de batalha *Repulse* foram afundados por bombardeiros ao largo da costa de Malaca em 10 de dezembro. Os Aliados estavam agora fora dos navios de guerra neste campo de batalha.

As relativamente pequenas guarnições coloniais aliadas conduziram uma defesa passiva e foram enroladas peça por peça. Hong Kong caiu em 25 de dezembro de 1941. Os japoneses desembarcaram na costa leste de Malaca e atacaram a grande base naval britânica do lado de terra na Batalha de Cingapura.

Em 15 de fevereiro de 1942, as 130.000 tropas britânicas, indianas e australianas se renderam. As bases americanas em Guam e Wake foram perdidas. Seguiram-se em janeiro as invasões japonesas da Birmânia, das Ilhas Salomão, das Índias Orientais Holandesas e da Nova Guiné. Manila, Kuala Lumpur e Rabaul foram capturados pelo Japão. A guarnição americana nas Filipinas retirou-se para a península de Bataan, mas teve que se render em abril. Bali e Timor caíram em fevereiro de 1942; Rangoon e Java em março. Uma tentativa dos cruzadores leves aliados de parar a frota japonesa de desembarque falhou na Batalha do Mar de Java.

Seguiu-se Mandalay, no início de maio. A força aérea japonesa acabou controlando completamente o espaço aéreo e realizou bombardeios no norte da Austrália. O Doolittle Raid de abril de 1942, no qual os americanos bombardearam Tóquio, foi apenas um ato simbólico.

A maré está virando

Depois que seus objetivos iniciais de guerra foram alcançados, os japoneses estavam hesitantes quanto a uma estratégia adicional. Os navios de acampamento aéreo tinham se tornado o fator decisivo na guerra naval. Antes de seu programa de construção dar aos americanos uma vantagem nisso, os japoneses queriam conquistar o maior número possível de territórios. Primeiro eles fizeram uma incursão ao oeste. Em 5 de abril de 1942, cinco navios do acampamento aéreo atacaram Colombo.

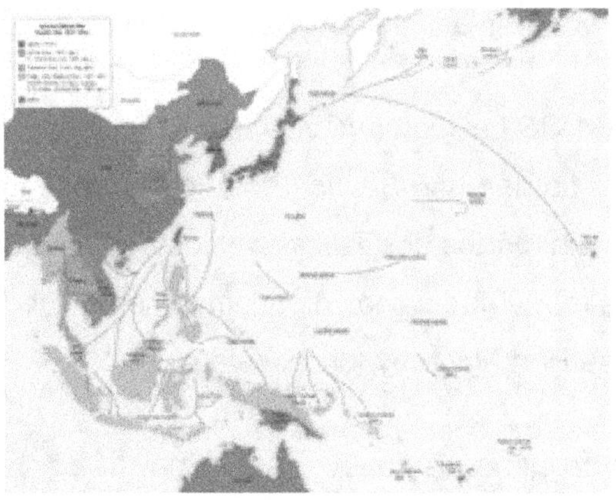

A frota britânica se retirou do Ceilão, mas em 9 de abril o dirigível *HMS Hermes foi afundado*. O Japão, entretanto, absteve-se de tentar fazer contato com as potências do Eixo no Oriente Médio. A atenção foi desviada para o sul. A conquista da Austrália e da Nova Zelândia enfraqueceria o império britânico, privaria os Aliados de uma base para contra-ataques e cortaria seus elos leste-oeste.

No entanto, a marinha japonesa não se deu conta de que os americanos haviam quebrado seus códigos. Enquanto apoiavam um ataque anfíbio preliminar a Port Moresby, no leste da Nova Guiné, em maio de 1942, durante a Batalha do Mar de Coral, foram emboscados por dois navios porta-aviões americanos, a primeira vez na história em que *as frotas de porta-aviões* travaram uma batalha.

Embora o *USS Lexington (CV-2) tenha* afundado, os japoneses perderam o *Shoho*. Pior ainda, quase todos os pilotos foram mortos dos *Zuikaku* e dos *Shokaku*, seus dois mais modernos navios de acampamento voadores. A invasão de Port Moresby foi cancelada.

No início de junho, os quatro grandes navios de acampamento voadores restantes atacaram Midway como prelúdio para a conquista de todo o arquipélago havaiano, seguido pela destruição dos cais da Califórnia e das eclusas do Canal do Panamá para impedir o acúmulo de uma frota americana no Pacífico.

Mais uma vez, eles foram emboscados. Os bombardeiros mergulhadores de três navios de acampamento dos EUA, o USS *Yorktown*, o USS *Enterprise* e o USS *Hornet*, mergulharam o *Kaga*, o *Akagi*, o *Soryu* e o *Hiryu* nos dias 4 e 5 de junho.

Esta Batalha de Midway, apesar da perda da *cidade de York*, foi o ponto de viragem na guerra na Ásia. O Japão levaria quase três anos para substituir os quatro navios naufragados.

Durante o mesmo período, os estaleiros navais americanos lançaram dezesseis grandes navios de acampamento voadores, além de nove navios de acampamento voadores leves e, para sua própria marinha, cinqüenta e quatro *porta-aviões de escolta*.

Guadalcanal e *Island Hopping*

Nem o Japão nem os Estados Unidos eram capazes de grandes ofensivas em meados de 1942. A Marinha Imperial continuou a tentar avançar em direção à Austrália. Um ataque terrestre do norte em direção a Port Moresby foi bloqueado pelos australianos ao longo da *Trilha Kokoda.* Em agosto de 1942, um desembarque japonês falhou pela primeira vez, na Batalha da Baía de Milne.

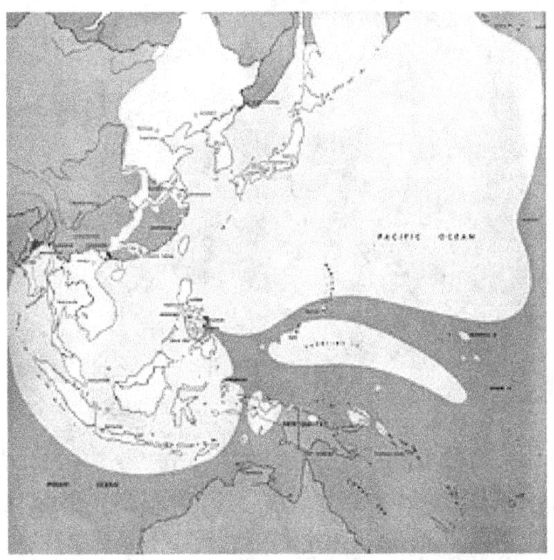

No mesmo mês, os americanos e japoneses desembarcaram em Guadalcanal, uma das Ilhas Salomão.

Isto iniciou a Batalha de Guadalcanal, parte da Batalha das Ilhas Salomão, com duração de seis meses. Em numerosas ações da frota, os japoneses gradualmente perderam terreno, apesar de sacrificarem muitos navios e homens. Em 1943, os americanos e australianos estabeleceram as cabeças de ponte Buna e Gona na costa nordeste da Nova Guiné.

Os americanos foram capazes de estabelecer uma estratégia agressiva em 1943, após converter rapidamente os cruzadores em navios de acampamento leves. Para derrotar o Japão, não foi necessário reconquistar todo o sudeste asiático. Seria suficiente tomar o norte das Filipinas para quebrar a linha de abastecimento de petróleo de Sumatra.

117

Este ataque do leste deveria ocorrer sobre dois eixos. Douglas MacArthur deveria avançar para oeste através da zona da Nova Guiné com um eixo sul.

Como eixo do norte, o Almirante Chester Nimitz quis tomar rapidamente ilhas estratégicas em uma campanha de *salto* ou *salto de ilha*, passando poderosas guarnições japonesas e isolando-as, a fim de ganhar o controle do arquipélago ao sul do Japão.

Os japoneses lideraram tropas adicionais para isolar essas ofensivas em uma "estratégia de bloqueio", esperando ganhar pelo menos seis meses para fortalecer sua frota, força aérea e guarnições.

O assalto sulista começou em junho de 1943 com uma captura sangrenta da Nova Geórgia. Isto foi seguido em agosto por um desembarque em Bougainville, que não seria tomado inteiramente até 1945. Dada a dura resistência japonesa, McArthur também decidiu dar o salto e passou a força principal japonesa em Rabaul na Nova Bretanha. Na primavera de 1944, ele havia estendido seu controle sobre toda a costa norte da Nova Guiné, tomando posições até três mil quilômetros a oeste de Guadalcanal.

Novembro de 1943 iniciou o ataque ao norte com desembarques nas Ilhas Gilberts. Depois de pesadas lutas, Tarawa foi levado. No inverno de 1944, eles penetraram nas Ilhas Marshall, capturando rapidamente Majuro, Kwajalein e Eniwetok.

Reconquista das Filipinas

No final da primavera de 1944, ambos os lados se preparavam para o *Kantai Kessen*, a "batalha naval decisiva". Os dois anos de tempo de preparação haviam sido mal utilizados pelos japoneses. Não havia capacidade industrial para produzir uma nova geração de tanques, de modo que os veículos blindados japoneses agora ficavam muito atrás dos EUA em blindagem e poder de fogo. O punhado de novos navios de acampamento voadores foi ananhado pela *Grande Frota Azul* Americana. Não se havia treinado pilotos navais suficientes porque o primeiro lote havia sido enviado para a guarnição de Rabaul. Os submarinos americanos estavam afundando tantos navios mercantes que o fornecimento de matérias-primas e petróleo foi severamente reduzido. Portanto, a partir de abril de 1944, realizaram a Operação Ichi-Go, a maior ofensiva do exército japonês na guerra, cruzando o sul da China para estabelecer um vínculo terrestre com a Indochina. A primavera também viu a primeira tentativa séria de invadir a Índia a partir da Birmânia, na Operação U-Go. Isto foi repelido e os britânicos, indianos e chineses iriam gradualmente reconquistar a Birmânia ao longo de 1944 e 1945.

Em junho de 1944, a Quinta Frota dos EUA atacou as Ilhas Marianas com sete grandes navios de acampamento voadores. Em 15 de junho, eles desembarcaram em Saipan. A Marinha Imperial estava agora navegando para o leste com cinco grandes navios de acampamento, entrando na Batalha do Mar das Filipinas nos dias 19 e 20 de junho, a maior batalha naval já travada entre as *frotas transportadoras*. Acabou sendo uma amarga decepção. Nem um único navio de transporte dos EUA foi atingido. Mais de quatrocentos dos pilotos navais japoneses foram abatidos. Os submarinos americanos afundaram os navios de acampamento aéreo *Shokaku* e *Taiho*. A derrota foi escondida do público e nunca mais *os transportadores* japoneses lutariam regularmente com os EUA. Entre 21 de julho e 10 de agosto, Guam foi recapturado nas Ilhas Marianas. Em 24 de novembro de 1944, bombardeiros de longo alcance B-29 Superfortress começaram a bombardear o Japão a partir de Saipan, reforçados por dois aeródromos em Guam, no final de fevereiro de 1945.

Os americanos estavam agora considerando conquistar Formosa primeiro, mas apenas um rápido fim da guerra na Europa libertaria as forças necessárias para isso. Assim, eles começaram a recapturar as Filipinas em 17 de outubro de 1944, desembarcando perto e em Leyte. A Marinha japonesa agora desenhou seu último trunfo: a frota de batalha para derrotar os americanos por uma estratégia engenhosa na maior batalha naval da história, a Batalha do Golfo de Leyte. Os últimos navios de acampamento, sem aeronaves, atraíram a Terceira Frota dos EUA para o norte e um esquadrão de navios de guerra atraiu a Sétima Frota dos EUA para o sul para que um esquadrão do meio pudesse fazer um ataque à frota de pouso dos EUA pelo Estreito de San Bernardino. Este plano foi bem sucedido, mas depois de ter caído sobre um *porta-aviões de escolta*, a *força-tarefa* central se retirou, de modo que o sacrifício de quatro navios de acampamento aéreo e três navios de combate havia sido em vão. Em 9 de janeiro de 1945, os americanos desembarcaram em Luzon, que havia sido em grande parte colocada sob controle na primavera de 1945.

Em novembro de 1944, os japoneses começaram a combinar suas numerosas aeronaves ultrapassadas e pilotos mal treinados no *Kamikaze*: atentados suicidas fazendo com que a aeronave se aborrecesse em um navio inimigo com bomba e tudo mais. Os 3912 pilotos suicidas afundaram 47 navios, incluindo três *porta-aviões de escolta*. Como, além disso, cerca de quatrocentos navios foram danificados, o fenômeno foi visto como um problema sério. Refletia o hábito das unidades de infantaria encurraladas japonesas de não se renderem, mas de lutarem até a morte em ataques de banzai.

1945 na Ásia

No inverno de 1945, os Aliados romperam quase todos os laços marítimos entre o Japão e o sul do país. A marinha e a indústria sofreram com a falta aguda de combustível. As matérias-primas só puderam ser obtidas da Manchúria e da China devastada pela guerrilha. Mesmo essas rotas foram então quebradas por submarinos.

Mais de um milhão de toneladas de espaço de embarque foi afundado. Não apenas a produção industrial, mas também a produção de alimentos caiu para um terço. Para matar ainda mais a população, depois de 27 de março de 1945, na Operação Starvation B-29s, foram colocadas mais de 12.000 minas marítimas em águas costeiras japonesas.

Os bombardeios das Ilhas Marianas se intensificaram. A infra-estrutura japonesa foi sistematicamente destruída. Na ausência de boas informações sobre alvos industriais, eles se voltaram para o bombardeio terrorista de cidades japonesas; meio milhão foram mortos e cinco milhões de japoneses ficaram desabrigados. Em 10 de março de 1945, ocorreu o bombardeio de Tóquio, com pelo menos 83 600 mortos, e por algumas estimativas duzentos mil, o mais pesado da história.

A fim de adquirir bases mais próximas ao Japão para os caças escoltarem os bombardeiros, eles realizaram o desembarque em Iwo Jima, capturando a ilha entre 19 de fevereiro e 26 de março, e a Batalha de Okinawa entre 1 de abril e 22 de junho, após um desembarque apenas ligeiramente menor do que o Dia D. As ilhas foram obstinadamente defendidas, resultando em vinte mil mortes americanas e mais de cento e trinta mil japonesas, inclusive em Okinawa muitas mulheres que cometeram suicídio por medo de serem estupradas.

Em 12 de abril de 1945, o Presidente Roosevelt morreu, sem enfraquecer o esforço de guerra dos EUA. A situação estratégica militar japonesa estava desesperada em julho de 1945. Os navios-acampamento aliados eliminaram quase todos os principais navios de guerra japoneses restantes nas águas nacionais durante os ataques massivos ao porto naval de Kure, entre 24 e 28 de julho. Navios de guerra como o USS *Missouri* e o *Rei George V*, destruíram as indústrias do carvão e do aço com sua artilharia precisa impunemente em julho e agosto, um sinal para a população de que a situação era crítica.

Havia "pombas" no gabinete do novo primeiro-ministro almirante Kantarō Suzuki que esperava negociar uma rendição através da ainda neutra União Soviética. Os "falcões", porém, temiam que tal movimento levasse à desmilitarização, punição dos criminosos de guerra e à abolição do imperador.

Eles pensaram que ganhariam uma melhor posição de negociação recusando uma aterrissagem esperada em Kyushu com três mil pilotos kamikaze. Os Aliados repetiram a exigência de rendição incondicional na Declaração de Potsdam em 26 de julho, aliás, sem nomear o imperador. Desde Okinawa, os americanos temiam perder um milhão de homens se o Japão fosse conquistado. Foi um alívio quando o Projeto secreto de Manhattan testou com sucesso uma primeira bomba atômica em 16 de julho de 1945. O Presidente Harry S. Truman ordenou o uso da nova arma atômica.

Em 6 de agosto de 1945, o B-29 *Enola Gay* lançou uma bomba de urânio que destruiu Hiroshima, matando 79 000 pessoas instantaneamente. Ainda assim, o gabinete japonês não tomou nenhuma decisão de se render, esperando que os americanos possuíssem apenas uma dessas armas. Em 9 de agosto, uma bomba de plutônio destruiu Nagasaki, matando diretamente 39 000 pessoas. Outras 145 000 pessoas sucumbiram a queimaduras e doenças por radiação após os dois ataques.

A União Soviética, sob intensa pressão dos EUA, havia concordado na Conferência de Ialta em atacar o Japão o mais tardar três meses após a rendição alemã, na condição de que lhe fosse permitido conquistar e anexar o Sul de Sakhalin e os Kurils. Em 9 de agosto de 1945, começou a "Operação August Storm", esmagando o exército japonês Kwantung na Manchúria.

Em 10 de agosto, o Imperador Hirohito forçou o gabinete a enviar telegramas aos Aliados para que a Declaração de Potsdam fosse aceita, desde que sua posição não fosse afetada. Em 11 de agosto, os Aliados contornaram a questão afirmando que o povo japonês teria permissão para determinar sua própria forma de Estado. Em 15 de agosto, às 12h00, o imperador entregou o Japão em um endereço de rádio. Isto evitou a queda de uma terceira bomba atômica por volta de 19 de agosto. Em 2 de setembro de 1945, foi assinada a capitulação, no navio de guerra USS *Missouri*. O Japão ficou sob ocupação norteamericana, liderado pela MacArthur. O Presidente Truman declarou uma "cessação formal das hostilidades" entre os EUA e o Japão em 31 de dezembro de 1946. Em 28 de abril de 1952, o Tratado de Paz de São Francisco foi concluído entre o Japão e a maioria dos Aliados. A exceção foi a União Soviética por causa de uma disputa contínua sobre os Kurils.

Casualidades e guerra

A Segunda Guerra Mundial foi caracterizada pela aparente impotência dos vários tratados de paz e não-agressão anteriores à guerra, e também por uma violência maciça e impiedosa sem precedentes até aquele momento na história, com inúmeras baixas civis para frente e para trás. As guerras anteriores tinham geralmente feito uma distinção de princípio entre civis e soldados, com os civis sendo poupados o máximo possível ou pelo menos não sendo um alvo principal. Este princípio foi amplamente abandonado na Segunda Guerra Mundial; todos os lados agora consideravam os civis uns dos outros como alvos válidos, argumentando que os civis também contribuíram para a capacidade beligerante do inimigo. A Segunda Guerra Mundial é, portanto, até hoje, o exemplo mais revelador de guerra total. Além disso, tanto a Alemanha nazista quanto a União Soviética eram regimes totalitários, sustentados pela repressão política e pela doutrinação. A guerra entre as forças armadas também foi muito dura, especialmente na Frente Leste. As regras de guerra acordadas internacionalmente (estabelecidas na Convenção de Genebra) foram sistemática e amplamente violadas, especialmente no que diz respeito ao tratamento dos prisioneiros de guerra.

Um total de entre 50 e 70 milhões de pessoas morreram durante a Segunda Guerra Mundial. Cerca de dois terços de todas as vítimas eram civis, dos quais se estima que mais de 11 milhões pertenciam a minorias que foram sistematicamente perseguidas e assassinadas. Foi também a primeira - e até hoje a única - guerra em que foram utilizadas armas nucleares. As armas de mísseis e caças também foram utilizadas em uma escala relativamente pequena no final da guerra. Durante a guerra, todas as partes envolvidas temiam um destacamento no campo de batalha de armas químicas, como havia acontecido na Primeira Guerra Mundial. No entanto, o gás venenoso só foi utilizado na periferia, ou seja, pela Itália na Abissínia durante a Segunda Guerra Ítalo-Etiópia e pelo Japão na China, onde também estavam sendo realizadas experiências de guerra biológica.

Prosseguimento e destruição

Estima-se que 11 milhões de pessoas foram
sistematicamente assassinadas, a maioria delas nos
campos de concentração e extermínio, que eram
administrados como uma indústria de grande escala e
eficiente.

Aqueles infelizes que eram inferiores e parasitas aos olhos
dos nazistas tiveram que ser literalmente exterminados.

Durante o Holocausto, entre cinco e seis milhões de
judeus foram assassinados, assim como cerca de cinco
milhões de ciganos, prisioneiros de guerra, eslavos,

deficientes, combatentes da resistência, Testemunhas de Jeová, homossexuais e dissidentes. Vários métodos foram utilizados pelos alemães para assassinar os *Untermenschen*, sendo os mais famosos as câmaras de gás.

Acidentes civis e bombardeios

As partes beligerantes bombardearam deliberadamente a população civil. Os japoneses realizaram ataques terroristas em Xangai, Wuhan, Nanking e Cantão (Guangzhou), entre outros.

Na Europa, os alemães bombardearam Varsóvia, Roterdã, Londres e Coventry, entre outros. Entretanto, os bombardeios seriam utilizados principalmente pelos Aliados como um meio de colocar o adversário de joelhos.

O bombardeio contínuo contra a Alemanha e o Japão tinha dois objetivos estratégicos: destruição da indústria bélica e danos ao moral. Entretanto, a tecnologia para apontar bombas ainda era tão primitiva que a indústria bélica só poderia ser afetada se enormes áreas fossem bombardeadas, causando muitas vítimas civis.

Além disso, os alemães conseguiram abrigar uma parte significativa da indústria bélica em fábricas subterrâneas: até o final da batalha, isto permitiu que os nazistas mantivessem uma espantosa capacidade de produção de material bélico. Na Alemanha, grandes cidades como Hamburgo, Colônia, Berlim e Dresden foram muito danificadas, resultando em um total de 1,5 milhões de mortos e feridos.

No Japão, 67 cidades com casas predominantemente de madeira foram praticamente dizimadas por bombas de fogo. Isto resultou em 500.000 mortes e 5 milhões de desabrigados.

Na zona frontal da União Soviética, os civis passaram por um período muito difícil. A doutrina nazista tinha pouco respeito pela vida do povo eslavo conquistado, que era considerado uma coleção de Untermenschen; o governo considerava sua sobrevivência secundária para alcançar a vitória.

135

Como resultado, um total de cerca de 11,9 milhões de cidadãos soviéticos morreram como resultado da violência da guerra, do terror, da fome, de doenças e de outras agruras. Mas a União Soviética também não poupou seus próprios cidadãos: qualquer pessoa suspeita de colaboração ou de apoio insuficiente para a resistência foi deportada ou executada.

Os civis franceses também sofreram grandes perdas durante a guerra. Um total de 70.000 civis morreram na França como resultado de ações aliadas, em sua maioria atentados a bomba. Uma grande proporção deles, 19.890

mortos e um número muito maior de feridos, tornaram-se vítimas durante a libertação da Normandia.

Esse número vem em cima dos 15.000 franceses mortos e 19.000 feridos durante os bombardeios que serviram para preparar a Operação Overlord nos primeiros cinco meses de 1944. No total, mais civis franceses foram mortos por ações dos Aliados do que civis britânicos foram mortos pelos bombardeios alemães.

Finalmente, em agosto de 1945, as armas nucleares também foram utilizadas contra a população civil japonesa. Isto causou cerca de 250.000 vítimas diretas.

Implicações geopolíticas

O mundo de 1939 tinha seis grandes potências regionais: os Estados Unidos, emergindo como uma nova superpotência, a União Soviética comunista, a Alemanha nacional-socialista, o Japão imperial e o Reino Unido colonial e a França. Este mundo tinha desaparecido. O período pós-guerra, até 1989, quando o Muro de Berlim caiu, foi marcado pela rivalidade entre duas superpotências remanescentes: os Estados Unidos e a União Soviética. A rivalidade geopolítica mútua entre essas duas superpotências é conhecida como a Guerra Fria.

A ascensão das duas superpotências andou de mãos dadas com a redução do poder e da posição dos outros três países. O Japão e a Alemanha haviam perdido a guerra e, portanto, seu papel político e militar global havia terminado por enquanto.

A Alemanha foi dividida em uma parte ocidental e uma parte oriental menor em 1949, que se tornaram parte da OTAN e do Pacto de Varsóvia, respectivamente. Isto permaneceria assim até 1990. O Japão permaneceu indiviso e foi mesmo autorizado a manter seu imperador, embora ele tivesse que renunciar a seu status divino. Como um protegido dos EUA, o Japão pôde se concentrar na reconstrução econômica, o que fez com muito sucesso.

Além do Havaí, os Estados Unidos não haviam vivido nenhuma guerra em seu próprio solo e haviam sofrido perdas relativamente leves.

Eles apoiaram os países não comunistas na Europa e na Ásia, tanto países amigos como antigos inimigos Alemanha e Japão, com dezenas de bilhões de dólares (Plano Marshall) e, em parte por causa disso, tanto os japoneses quanto os europeus ocidentais conseguiram sair rapidamente do atoleiro economicamente.

As coisas eram diferentes nos países da Europa Oriental dominados pelos soviéticos: em vez de crédito, foi-lhes dado um modelo econômico comunista imposto por Estaline, o que até hoje torna os europeus ocidentais mais ricos do que os orientais.

A Segunda Guerra Mundial também colocou em movimento uma nova onda de descolonização. Embora o Império Britânico estivesse entre os vencedores, seu
139

declínio como uma grande potência logo se instalou. Os impérios coloniais francês e holandês também pareciam ter tido seu dia. Os japoneses haviam chicoteado consideravelmente os sentimentos nacionalistas no Extremo Oriente para ganhar apoio em sua luta contra as potências ocidentais. Este gênio estava fora da garrafa e não se arrependia.

Além disso, os britânicos haviam esgotado a maior parte de suas reservas financeiras para comprar armas e suprimentos dos Estados Unidos, que haviam pago com títulos de dívida que levariam décadas para pagar. Os impérios coloniais estavam se desmoronando rapidamente e, após a crise de Suez de 1956, a França e o Reino Unido tiveram que aprender a viver com um status de potência média.

No Território Britânico do Mandato da Palestina, o Estado de Israel foi fundado logo após a guerra. Isto semeou as sementes para o conflito israelo-árabe, o que fez com que os conflitos armados se inflamassem regularmente nesta parte do Oriente Médio até os dias de hoje.

Os horrores da Segunda Guerra Mundial levaram à intensificação da cooperação internacional, particularmente no continente europeu. As Nações Unidas, e em parte devido à Guerra Fria, a União Européia, surgiram como resultado.

O sucesso da União Européia com sua legislação supranacional, moeda comum e valores democráticos torna um conflito europeu difícil de imaginar nos dias de hoje.